Ma

Manfred
Jung

Wir danken der Deutschen Bank für die freundliche Unterstützung.

weleweg selleweg

Mundart-Anthologie

weleweg selleweg

Eine Anthologie mit Texten
von 33 zeitgenössischen Mundartautoren aus Baden

Herausgegeben für die Muettersproch-Gsellschaft
Redaktion:
Markus Manfred Jung - Hanspeter Wieland - Wendelinus Wurth

Drey-Verlag

Widmung

Des Buech isch gwidmet allene Alemanne, wo bewußt in unsrem schöni Eckli vo Europa lebe un wo d Mundart, unsri Alemannesproch, as Teil vo unsre Identität hochhalte.

Un s isch gwidmet allene Mensche, wo zwar unsri Mundart nit schwätze, sich aber im Alemannebiet wohl füehle un d Alemanne-Art schätze.

D Muettersproch-Gsellschaft freut sich, daß si mit ihre vierte Anthologie wieder e Werk hät könne schaffe, wo en guete Überblick git über de Stand vo de aktuelle alemannische Literatur.

Dank vor allem im Markus Manfred Jung, wo d redaktionell Arbet übernoh het, zämme mit em Hanspeter Wieland un em Wendelinus Wurth.

I wünsch *weleweg - selleweg* e gueti Ufnahm im Alemanneland un de Leser wünsch i, daß ihne des Werk ebbis ka geh.

Klaus Poppen

Präsi
vo de Muettersproch-Gsellschaft

weleweg - selleweg

26 Jahre sind vergangen, seit Richard Gängs Anthologie „Alemannische Ge-
schichten" erschien, 18 seit „S lebig Wort" von Karl Kurrus und neun Jahre
seit „D Hailiecher - Alemannische Anthologie Junge Mundart", zusammenge-
stellt von Markus Manfred Jung. Da ist es an der Zeit, wieder einmal zu zei-
gen, welchen Weg die alemannische Mundartdichtung in Baden seither ge-
nommen hat. *Wele Weg* isch si gange? Hä, *weleweg selle Weg!* kann derjenige
sagen, der die Freude und vielleicht die Anstrengung auf sich genommen hat,
den literarischen Spaziergang den Rhein entlang mit zu gehen, vom Bodensee
bis zur Ortenau, in Etappen natürlich: Ein wahrlich interessanter Weg durch
noch weitgehend intakte Sprach- und Denkbiotope, aber auch durch umge-
pflügtes, umgemodeltes, bebautes und zersiedeltes Land, wo wir Menschen
durch unsere Kultivierung Neues und Fremdes im Ursprünglichen integriert
haben, manchmal mit, manchmal ohne Rücksicht auf Gewachsenes – auch in
der Sprache. Lob der Heimat, wie sie noch ist, und Kritik an ihrer Zerstörung
halten sich in etwa die Waage.

Hatten es die Herausgeber der ersten beiden Anthologien insofern noch
leicht, als sie von allen damals bekannten alemannischen Autoren in Baden
Texte veröffentlichen konnten, ist dies heute praktisch unmöglich. Über 100
Frauen und Männer sind in den letzten Jahren mit selbstverfaßten Büchern
unterschiedlichster Qualität an die alemannische Öffentlichkeit getreten. Sie
alle mit einem Text zu Wort kommen zu lassen, ist nicht Ziel dieser Antholo-
gie. Der Zeitschrift „Alemannisch dunkt üs guet", herausgegeben von der
„Muettersproch-Gsellschaft", kommt das Verdienst zu, diese Vielfalt immer
wieder neu zu dokumentieren.

In „weleweg - selleweg" sind 33 Autorinnen und Autoren mit jeweils mehreren
Texten vertreten; 33 Menschen, die in der Mundart literarisch gute und eigen-
ständige Texte geschrieben haben; Texte, die Außenwirkung haben können
über die eng begrenzte Heimat der Verfasser hinaus; Texte, die für sich selbst
stehen können. Natürlich ist die Auswahl auch subjektiv, und es gibt mögli-
cherweise hier zu Unrecht nicht vertretene Autorinnen oder Autoren, und ich
möchte mich bei all denen entschuldigen, die in diese Anthologie noch hin-
ein gehört hätten.

Um einen ziemlich vollständigen Überblick über das originelle und originäre Schaffen in unsrer Mundart zu bekommen, haben die Auswahl dankenswerterweise mitbestimmt: die Autoren Hanspeter Wieland, damals noch Sprecher der Autoren in der Muettersproch-Gsellschaft, und Wendelinus Wurth, der mit seiner Frau Karin vor allem die schwierige Verlagsarbeit übernommen hat, sowie Klaus Poppen, Präsi der Muettersproch-Gsellschaft, die als Initiatorin und Herausgeberin empfohlen hatte, die Preisträger ihres Wettbewerbs „9-99, Autorinnen und Autoren, die bis dato noch keine Veröffentlichung in einem etablierten Verlag haben" auf jeden Fall mit aufzunehmen. Dies sind Klaus-Dieter Reichert, Werner Fischer, Hanspeter Wieland, Margret Brombacher und Erna Sonner.

S isch mer weleweg egal gsi, ob e Dichter siini Text ehnder uf e tradizionelli Wiis schribt, also öbbe mit Endreim un Versmaß, oder lieber uf e moderneri Art, also, denk i, mit freie Rhythme un ohni Reim. D Uswahl isch selleweg dodeno gange, ob ein siini Text in de gwählte Form au guet gmacht hät, neumeduren e Meischter isch un ke Lehrbueb, un ob sii Wortkunscht en eigne Karakter, en eigni Handschrift vorwiise cha un nit numme „ummeheble" tuet, selleweg! Au „Dialekttreue" isch nit eso ins Gwicht gfalle („in d Schweri gheit!"). Wer mueß denn welem Dialekt treu sii. Soll de Mundartdichter eso schriibe, wie d Großmuetter no so schön verzellt hät, oder eso, wien er s selber sait, oder ämend gar eso wie siini Chinder schwätzen in de Stadt? Was isch doo richtig?

Sehr viele Texte sind bisher unveröffentlicht und teilweise direkt für diese Anthologie geschrieben worden. Es heißt also auch für Kenner der alemannischen Literaturszene: „Lueg do ane", schau genau hin und genau hier hin, in diese Anthologie, die zeitgenössisches Schreiben in der alemannischen Mundart repräsentativ dokumentiert. S isch weleweg s einzig Buech, wo des cha. Lueg do ane! Chunnsch mit? Grad drum un selleweg.

Das äußere Konzept der Anthologie ist, die Autorinnen und Autoren mit Bild, mit einer handschriftlichen Aussage über sich selbst und mit ihren Texten vorzustellen. Die Reihenfolge ergibt sich durch den Laufweg des Rheins, trennender und verbindender Faktor des alemannischen Raums zugleich. Unschwer ist festzustellen, daß Traditionen Schwerpunkte literarischer Tätigkeit schaffen, literarisch hochstehende Mundartliteratur aber auch umgekehrt neue Traditionen. Dort, wo ein gewachsenes Mundartselbstbewußtsein existiert, kann auch eine neue Generation Sinn darin sehen, sich mit der überlieferten Sprache kreativ auseinander zu setzen. Die Bodenseegegend um Radolfzell, wo Bruno Epple vorbildhaft gewirkt hat, die Hebel-Burte-Jung-Region: Wiesental und oberes Markgräflerland, und der Wirkungsbereich der unvergessenen Karl Kurrus und Hubert Baum, Kaiserstuhl und Freiburg, weisen eine lebendige Mundartkultur auf. In anderen Landstrichen sind die Dialektautoren eher Einzelkönner. Interessierte Leser finden Bio- und Bibliographisches zu den Autoren im Anhang; Worterklärungen sind, wo unumgänglich, bei den Texten selbst zu finden.

Man kann natürlich stolz darauf sein, wenn man sieht, in welcher Breite, aber auch in welcher literarischen Tiefe im Alemannischen immer noch und immer wieder geschrieben wird. Kaum ein anderer deutscher Dialekt kann dieses Spektrum aufweisen, besonders wenn man noch das Schaffen unserer Schweizer und Elsässer Freunde mit einbezieht. Sinnenfreudige Texte in kräftigem, farbenreichen Ortsdialekt, die noch eine Fülle an alemannischem Sonderwortschatz bewahrt haben, stehen neben Gedankenlyrik, in deren Verdichtung sich der Dialekt als eine ebenbürtige Variante der Schriftsprache erweist. Die Spannbreite des literarischen Schaffens in der Mundart war noch nie weiter als jetzt, die Spannung, die aus den verschiedenen Auffassungen von Mundartdichtung entsteht, noch nie so kreativ wie heute.

Aber es kommt einen auch Wehmut an, wenn man sieht, daß seit der aus dem Wettbewerb 1974 hervorgegangenen Generation der „Jungen Mundart" keine „Moderne Mundart" einer deutlich jüngeren Generation mehr entstanden ist. Nach wie vor sind die übriggebliebenen „Hailiecher", die heute Vierzigjährigen, und etwa Gleichaltrige die aktuellen „Jungen". Vielleicht könnte dem so voraussehbaren Siechtum der alemannischen Mundartliteratur in Baden mit dem Erneuerungsschub eines neuen Nachwuchswettbewerbes begegnet werden. Wenn es für junge Leute keinen zwingenden Grund mehr gibt, in der Mundart zu schreiben, da sich das Nebeneinander von geschriebener und gesprochener Hochsprache und gesprochenem Dialekt entideologisiert und entkrampft als genügend lebensfähig erwiesen hat, sollte man wenigstens einen Anlaß schaffen, sich künstlerisch des Instrumentes Mundart anzunehmen. Beim Probieren und Spielen käme vielleicht der Spaß am bewußten, ernsthaften und dauernden Umgang mit der Sprachvariante Mund-Art, und Neues könnte entstehen.

Nicht der sprachpflegerische Ansatz beim Schreiben in Mundart kann diese für eine nächste Generation interessant erhalten, nur ein kreativ-produktiver könnte dazu imstande sein. Akzeptiert werden müßte dabei, daß Mundarttexte Elemente anderer Sprachvarianten (Jugendjargon, Hochsprache, Umgangssprache etc.) aufnehmen und damit experimentieren, so, wie es Texte erfolgreicher Rockbands in der Schweiz tun, und so, wie es auch einige Texte in dieser Anthologie zeigen. Man dürfte dann nicht alles, wie es leider noch oft geschieht, beckmesserisch über den Leisten schlagen: „Des isch doch kei gueti Mundart meh!"

„weleweg - selleweg" mueß mer as e Froog verschtoh, aber au as e Versuech, e Antwort z finde. Wele Weg wird unsi alemannischi Literatur goh? S wäri schön, we mer die Text doo in däm Buech nit numme as Endpunkt von re lange literarische Tradition in de alemannische Mundartdichtig säh mießti, sondern au as e Wiitergoh un ämend sogar as e Neuafang für e Wiiterentwicklig, wo in unsi Ziit iine paßt un in d Zuekumft wiist. Aß des sich lohne täti, sell will die Anthologii zeige. Worum, bittschön, soll de „geneigte Leser" nit sage chönne hintenooch, jawoll, so cha s wiitergoh un so wird s wiitergoh, wahrschiints grad wäge däne Text doo, *weleweg selleweg!*

Markus Manfred Jung

Johanna Plähn

I bin oine, wo's net gäbet, hätt's 1939
ocho a Redit uf's Abreibe gäbe. D'Eltere
ain mit mer im glidre Joler no ou
Landsberg uf Lindau verzoge.

I bin so oine, wo ohne Vater hot uf-
wachse müesse. Der isch glei im Krieg,
nocher no in d' G'fangeschaft und
später weit weg zum Schaffe bei de
Seefahrt g'wäse.

I bin halt oine, wo 's Schwätze z'erst
im Krankehaus, no uf ele Stroß und
später in ele Schul g'lernt hot. Wod
de letzt Kränk hot de St. Kamprath
g'meint: Etz hot se se älle g'habt, etz
isch se zäh, etz wird se alt!" Dehoim
"Auf de Mauer" sin mir zwölf Kin-
der in de "Mauerbande" g'wäse. Die
ganz Insel hom mir dozmols no ohne
Autos zum Rumm-jäge g'habt. Welleweg
hot mes d' Schul j g'falle. Zu Unds-
wäg bin i Handarbeits-Lehrerin
i worre, und wegem Hoimweh heb
i zum Versleweber, – sindre und fledte
g'funde.

Sarkophag

Mei, Dolebohrer! Warum stiersch?
's Kanapee verdrielsch?
vertrunne isch der d'Zeit,
vertloffe isch der d'Freud,
vergezlet hosches Glück,
's mottelet greislig,
so grätig, läz und feig,
so oigesinnig g'scheit,
ohne dasses woisch.

Alloinigs hockscht und trauerscht,
alloinigs greinscht und mauerscht
der langsam selber 's Grab.
Verzweifelt träumscht vom Tod im Bluscht,
dei letscht's G'füehl, dei letscht's G'luscht.
Moinsch weich und lieb und zart
könnt sei dein Sarkophag.

Angscht

Glycinieblaus Funkle,
schenant isch es versunke.
Im nachtele dunkle
See vertrunke.

Dei Hoinze, dein Schatz,
dei dürre Lieb
isch in d'Ewigkeit platzt,
koi Sternle übrig blieb.

Hoinze: Heuhaufen, Ständer für Heu

Eischlofversle

Sandl liebs Spätzle,
I bring der Sandlplätzle.
Mit meim müede Karre
Komm i nächtlings g'fahre.
Wenn d'Nacht zuelangt,
Wenn's Licht vertlahmt,
No streich'l i di sandig,
Nab de Rücke bitzlig, fedrig,
  ... schlofsch?

Wo isch Dehoim?

Ebber do, wo 's Esse hosch,
De Krane ufdrehscht?
D'Kinder ufziehscht, d'Wäsch richtscht?
Wo a Bett zum Schlofe, zum Verschnaufe wart,
Ohne daß oiner a Recht uf oin hot?

Na? - Was hosch no du g'moint?
Ebber, wo d'Sproch a Echo kriegt,
Wo d'Stroß oin kennt?
Wo's Wasser oin weich wärmt?

Wo oi Hand a andre salbt,
Bis se furtschlupft, a jüngre find
Zum Schmiere und Rechthobe; und
Ebber d' alt Last nausläut?

„Unvergessen", Schrebergartegrab,
Letscht Eigetumswohnung,
Schwarz' Riesebrikett,
Moinsch des mit dehoim?

Mundartg'lüstle

Nägele us de Muttersprochflueh
verbröckelend, verbröselend,
moosend schriftdütsch zue,
und d'Mundartgosche verhuzelend.

Bäbe mer paar Brocke zamme,
gond mit Mundart-Springerle
zum Trachtefest amme
Vergiß-mi-net-dingerle.

Iswind

's blost en Iswind über d'Wies,
wiegt's Gras im Winterbluscht.
De Schmerz isch der in d'Glieder g'frore,
gautscht nachts endlos im Bett.

Des Dunkle jagt durch d'enge Adre,
's Herz vertropft - hosch Angscht,
de Froschtwind knickt dei dürre Bosche,
's Bluet verdunkelt der. Verfriersch?

Hanspeter Wieland

It selle Druckvzoge
hots mi an See, nai,
un zu de Seehase
au it partout.

Wellewäg sit zwanzg
Johr wieder do!
Und zwar as

Induschtrie arbeiter, dänn
Hausvatter – wi n'i sag –
un wenn gseet wird
as en Bodesee dichter
– freu i mi ammel.

Hanspeter Wieland
* 1948 in Radolf-
zell

Die Eroberung der Feldflur

nai ii
so än blitz
saubere Maiedag
raasts
Autho zwe
Fahrreder ufem Daach
ufpflanzt! Lueg
links stots wi
mei s un
nebedanne wi dei s
Rad bolzegrad i dän
blitz saubere Maiedag
nai
-Hei!

Die Ordnung im Küchenschrank

Zerscht d Messer di schahfe schneidig
Denn d Gabble zum Steche zum Spieße
Un zletscht wi immer
diä guete diä runde Leffel
diä Kiäh
mit ihre Leffele-Kälble
D Schublad uf bi minere Mamme
D Schublad uf bi minere Omma
D Schublad uf bi minere Frou
Iberaall s gliich

Werweiß

Gschtolle
D Hosä gschtolle
vu de Weschhänke
weg, seet d Nochbere
z Naacht
schimpftse: d Schlipfer
schimpftse wosch wiä
i de Friäh scho
Diä spinnt doch e
so e aalte Kueh

Villicht abber
weremir
au emol no e so?
Still! Still!
Wosches du?
Wosses i?
- Wer weiß

„Das letzte Aufgebot"

s Maale riäfts
wo dur d Wise goht
wo dur d Felder goht:
Naddurr!
riäfts Maale
wo de Waalt baalt
konne Bämm
me
hot:
Sturrm! riäfts
daß ems Schnurrbärtle
bebt riäfts:
Orkan! riäfts
Nadduurr!
Adong!
hondere sovill
hondere adong
riäfts Maale
etz schla zruck
  se schleet zruck
Naddur

Adong (nasal): angetan

Der arme Poet

Wa gloubt er
wer er ischt du
Sack du
Sack sag hosch es

itte mitte Leit Heilands

Sakadie

Mundart Läsung

-Spricht do onn
wi mir
des hot konn
Wert - Des
schwätzetmer
selber

D Leut

Seiter widder monnt it monne
Monnt it monne!
Wa?
Ah d Leut seit er
d Leit Ii
hann etz en Hunt wosch

Alles wird wohr
alles wird wohr Gar nint isch
mind gnue gsi
Naa seit er
Wa seit er
D Leit seit er - Ii

hann etz min Hunt win
er
s Gsicht ihm in
fescht in sin
Belz inne druckt Monnt
                    it monne
                    monnt it monne
                    ... Naa

Thomas Burth

Z'Radolfzell am Bodesee ane 1934 uf d'Welt
kumme, lebi heit z'Minsle, en Ortsdeil vu
Rhifelde.

Dehom i de Mundart uffgwachse, han i
de Zit vu minere berufliche Wanderschaft
alles dra setzt, den veflixte Dialekt us mir
usse z'kriege, um endlich emol nime as
"Badenser", Schwizer oder Schwäble ab-
gstemplet z'were, wo'n i doch all en kos-
mopolitische Weltmensch ha si welle.
Erscht wo mir Leit vum Norde versicheret
hond, dass i guet Hochdeitsch schwätze
dät, hot mi denn mi Muettersproch wider
intressiert.

Sit Kinderdage vum Schriibe gmacht,
due is sit 1975 intensiver und in
Mundart, i de letschte drei Johr aller-
dings au wider meh in Schriftdeitsch.
Ganz so, wi mis gfreud mag.

Schtrôße

d' Schtrôße
meh as en Zeileabstand
zwische de Hiiser

dreggig wiene Lusbuebegsicht
und grad so luschtig

farbig wiene Buuregarte
nu it so aabaßt

luut wiene Kircheorgel
nu mit weniger falsche Tön

ä räete Massekarambolasch
nu mit vil weniger Dode

Schtrôße i de Schtadt
mit Lebe
wi im richtige Lebe.

Schtadtläbe

Insle wo
uf de Welle danzt
allhek iberschwemmt
iberall rutschig
umtriibig
bachabiwärts

so schä
daßes òm gruse kennt
so warm
daßes òm schirgar friert
so aschtändig
well alli näggig
so lebig
bi sovil Spitzbuebe

jeder Schrotthuufe wird Kunscht
jeder Schrei wird Arie
wenns iberläbscht
bisch en Artischt

kònner kennt di
drum hòsch di Rueh
kònner schenkter ebbes
drum bruchsch it danke
kònner mag di
drum duesch kòm weh

Schtadtläbe
nie so dod
wi aufem Land
nie so lamaschig
wi im Kaff
nie so igsperrt
wi zwische de Nòchbere

'S herbschtelet

Bi dir
kani mi
keie lò

's Trummle
i de Ohre
's Pfiife
i de Bruscht

sind d Musik
zu de Bilder
vueme Huus

wo mir hòmelig
und allno
fremd isch

Fir triebe Däg

Heit Mittag hani grad
ä Lächle widergfunde

dir isches im Oktober
sellmòls uf em Hòmweg
abikeit

uf soeme Zettel
zwische Babedeckel
guet veschobbet
isch des ä Goldschtuck
fir en leere Dag
wi heit

Vewandtschaft

Alli alte Foti
i de Schachtel
hòt er sin
Schtammbòm kennt
wi kòn andere

wòß alle
Gschwisterikinder
vu de Frau
und zellt d Brüeder
vum Großvatter
de Reihe nòch uf

daß d Muetter dehòm
drei Buebe und
vier Mädle gsi sind
vegißter nie

aber de Selbstmord-
vesuech vu sinere
Schwester hòt en
uf em linke Fueß
vedwischt

Bim Chagall

Ob mers veschtòht oder it, ob mer wòß wanes si sot oder it, ob mer au ugfähr ahnt wa der Mòler mit sine Bilder vezelle will oder au it, des isch bi jedem veschide und fir di meischte selli schwer. Wa uf soeme Bild druf isch, ka mer säeh, aber ob mers au veschtòht?

Dò lauft ä Kueh miteme durchsichtige Buuch trächtig uf de Schtròß, dirt fliegt en gäle Fisch am Himmel dobe, dò wachse roti und blaui Blueme ufem Dach und am obere Rand wirblets en alte Ma mitere Dätschkappe und mit Rucksack i de Luft ume. Iberhaupt isch alles bodelos und vekehrt und vedrillet.

Aber ka en Mòler, wo d Welt it anderscht siht as all di andere Liit, ka des en Künschtler si? Dò moß mer ebe as Alueger sin Grips in Gang setze, sich demit beschäftige und sine Gfühl und sinere Fantasii freie Lauf lò, suscht git des kò Offebahrung. Und bi jedem Bild klappt des sowiso it. Wer ebbes finde will mueß sueche, und sueche isch ä Arbet.

Im Oktober bin i ganz fasziniert gsi, wini han erlebe derfe, wi en Galeriibsucher sich sogar i soeme Bild selber gfunde hòt. Winer sich selber gsäeh hòt, sich, i sim schöne Lebe, i sinere persönliche Empfaltung, sich as Mensch i de Kunscht. 's Begriife und 's Entschlüssle vum Inhalt, isch i dem Moment - glaub i - it 's Wichtigscht gsi. 's isch mer so gsi, wi wenns ästhetisch Empfinde di größer Roll gschpilt het.

I sih, wi der Ma vòr eme Chagall schtòht, sich im dunkle Passpartu schpieglet, si Krawatte räet anizupft, si Brille grad uf d Nase setzt und mit sine Finger durch d Hòòr kämmt. Denn lauft er wiiter, nimmt intressiert ä Brezele vum Tablett und lueget innerlich glöst - zum Fenschter usi. Des derf mer mir glaube, des isch fir mi ä Schternschtund gsi. Sich selber i de Kunscht vu soeme große Künschtler widerzfinde, des isch eifach 's Högscht.

Klaus-Dieter Reichert

Anne 45 z Radolfzell uf d Welt
kumme und dert ufgwagse. D Modder,
e gebürtige Radolfzellere und Hausfrau,
de Vadder, en Pfulledorfer und Bähnler.
Noch de Volksschuel Mechaniger
glehrt und Johre uf däm Beruf
gschafft. Zeersch z Radolfzell, denn
z Sindlfinge, im Schwäbische.
Näbeher di Mittler Reife noochgmacht,
a de PH Reidlinge Sport und Deutsch
studiert. Sit 78 Lehrer in Steinen-
bronn.

Bim Schriibe leht i an mi kenne.
Ob s Schriibe i de Mundart e
Feschthebe vu de Hoimet isch, an
wenn mers im Schwäbische wohl
isch? – I woß es it.

Ums Himmels Gotts Wille

I: Du, Mamme, i mon, de Babbe isch it ganz gnuschber. [1]

S: Wa fallt denn dir ii, so vu dim Vadder schwätze?

I: Entsinnsch di no, wo mi de Babbe vor Johre mol mitgnumme hot gi Morija?

S: Do, wo no zwei vu unsere Kneacht mit sind?

I: Genau, und en Esl. hommer mitgnumme und gspaalte Holz hommerm ufglade.

S: Etz kunnts mer wider. Fascht e Woch hond er bruucht. Woner wider dehom gsi sind, hot kon äbbes vezellt waner so lang dribe hond. Du bisch im Babbe nu no us em Wäg gange. Guet anderhalb Woche.

I: I han em zwar vesproche, daß der nint vezell, aber i sieh und merk, winer all Dag bleeder wird.

S: Du. Riiß di ewängg zamme. Des ka i iberhaupt it leide. Vor de Eltere hot me schließlich Reschbekt.

I: Wenn sen vediened, gern. - Findsch du des vor-si-naa-Schwätze vilicht normal?

S: Din Vadder isch en gläibige Maa. Der schwätzt mit em Herr im Himml. Des sottsch so langsam gmerkt ho. - Aber, wa hosch denn etz vu sällem Uusflug vezellä wellä?

I: Wo mer drei Dag underwägs gsi sind, hot de Babbe d Kneacht mit em Esl gheiße waarte. I han mesä s Holz trage, er hots Feier und s Messer ghet, denn simmer mitenand de Berg uffi. Me hond vun däm und vu sällem vezellt. Woni de Babbe gfrooget han, ob des stimmt, daß i gar it eier Kind sei ...

S: Ha. So äbbes Iifäldigs! Wi kunnsch denn uf so e Idee?

I: Spilkamerade und Kumpl hond immer wider rumgstichlet: De Babbe und du, ihr seied jo vil z aalt gsi zum Kinder mache oder griege.
S: Und des hosch di du draut, de Vadder zfrooged?

I: Ha, jo, i hans doch endlich wisse wellä. Johrelang die Zwifel und nie Kurve griegt zum frooge.

S: Und, wa hot er gseet?

I: Er hot behaubded, des sei vum Himml so bstimmt gsi, er isch aber all wietiger wore.

S. Jo, des isch schwer zum glaube. I hans zersch au it känne. Scho Johre han i ko Regl me ghet, und din Vadder und i sind au kum me zämme gsi. Und denn isch es bassiert wis uns brophezeit wore isch.

I: Wi soll des en junge Kerle begriife. Stadd mer de Babbe des in Rueh glar gmacht het, hot er mer s Mul vebodde. Uf em Berg dobe hot er Stei zu me Altar ufghäiflet [2] und Holz drufgleet. No hot er mi gfesslet.

S: Wa hot der?

I: Mi gfesslet und ufs Holz drufgleet. No hot er mit em Messer uusghollt ...

S: A, wa, du hosch doch en Vogl!

I: **Der** hot on. Wi ner mi grad absteche will, han in aagschrie: „Bisch du no ganz bei Droscht? Wi wit denn des de Mamme glar mache, wenn de mi etz umbringsch? I will it sterbe! Duets der Widder dert dibe it au?"

S: Ho, des isch jo wohl di Hehe! Der gheert jo iigsperrt. Der isch doch ...

I: Woner des Dierle gsäe hot, isch er wider zu sich kumme. Des isch mi Gligg gsi. Der hot er no gopferet, und no simmer wider hom.

S: Daß au de Glaube on so veruggd mache ka. Des ka doch it s Gotts Wille si. - Däm wer i äbbes vezelle heit Oobed.

---

[1] knusprig: im Sinne von it ganz bache
[2] ufghäiflet: aufeinander gehäufelt, beigen

Iifall

s Hirn of und

zmool doo
ohne äbbes denkt
s under z oberscht
hot und wischt *

zmool doo

sag nu no on vu
nint käm nint

zmool doo

und
nu no dra
sinniere
und
defir und dewider
und
suechsch denoch no
findsch es it
und

zmool furt

s Hirn zue

* rechts und links (Bauernkommando für Zugtiere)

d
Q u e r
n
k
e
r

quer

it fersi
und it
hindersi

quer
au des isch

eigleisig

Gwähr

meischtens ohne

näemed
isch si sicher und
vedridd sin Stampunkt

wi mit

Gwehr

mit oder ohne

no lieber ohne

vor om
mit
am beschte
kon Schuß Bulver
wert si

kennsch mi
oder
kennsch mit it

kennsch mi it

no

kännsch mi mool

gäll etz

kennsch mi

oder

it

Bruno Epple

Wiso oner uf Alemannisch
schriibt, sell isch e frooog, die
goot um sibe Ecke und
kunnt einewäg it i des
Herzkämmerle ini, wo
alles vestecklet hiit.

Schriibe isch meh wi bloß
schwätze.
Oner wo schriibt, soll mit
de Ohre schriibe und uf
d Sprooch lose.
Wo d Sprooch stimmt,
stimmt alles.

Bruno EPPLE

Doo woni woon

Uf de Höri hinte
doo woni woon
am Räbberg z obersch dobe
  doo schuumet d Wise ums Huus
unterm Gwelk vu de Moschtbirrebämm
blauets ufe und blitzts:
doo himmlet de See om aa.
  D Halde dunne und aniduckt
im Kranz vu de Bapple
vum Schilf
liit Wange mi Dorf.
  Hinterem Hag stand i:
i gärtle do umme
s Häckele i de Hand
beck i
hert isch de Bode vum Räge
i karr en veburmete Mischt
ufs Beet.
  Guggummere liget dick
am Stäcke Tomate
si hanget mr voll im Saft
und Bohne buschlewiis brock i
i d Zoone.
Im Duft vum Salbei
vu Minz und Melisse kunnt mr
min Noochber selig in Sinn
de Walafrid
där vu de Au vu de riiche
  insula felix
wa liisch du hommwehfromm
mit im Gmiet.
Wa iber di wället
du Insel
wa allszues kunnt und

wallet wa goot:
e Läbe raffig und gfräß
wo im Elend veserblet
im Gluschte wiislos sich z leid läbt
sich z dot läbt
o Au du au weh!
  Oomool isches uf dir
meh wi anderschwo glunge
ischt it stäckeblibe im Wunsch:
s Fromme
hot Zälle und Härz ufbroche
himmelzues isch es ufgflammt
im Chor
oomool - allewil
wo oner gottnoo ischt uf däm Rund
er stoot i de Mitte.
  Dunne i de Wangemer Bucht
wo d Bapple im Flammelicht stond
triibt blietewiiß en Schwan
und dunket de Kopf i s Wasser.
  Bapple und Schwan
mir daucht us de Diefe e Bild uf
fir wa do koner e Aug hot:
Wa isch
bin i gfrooget
mit däne Bränd wo gleet hosch
du Zinsler
mit däne Blitz wo di troffe hond
diner Läbdig?
Dir hots de Karre
scheints it us de Lais glupft
dir stäcket d Räder im Sand
  en Schwan isch dir Schwan
und Bapple sind Bapple
und meh isch dir it.
Nu ammel hon i e Schau:

ame Sepdemberdag uf de Heh
wenn s Blau vum Himmel au
s Blau vum See isch
wo silbrig ufhällt im Oschte:
doo honi d Ägäis vor Auge.
   Vu dett kennsch monne kunnt dr
en Flimmer im Gsicht
und mit Auge seehimmelblau
d Aphrodite vegege
wo grad d Sunne rosig usem
Näbelbett ufgstande isch:
rhododaktylos Eos.
   Griicheland isch wa me suecht
au uf de Höri.
   Iberm See
ufem Thurgauer Rucke dänne
wandlet s Johr duri de Wald
und driberthii d Sunne
vu Konschdanz ufe bis abi
gi Schaffhuuse
und rundet mr so
mi Wält ab.
   Zwische de Bämm
so klä de Zug
wo allstund pfiift
uf Steckbore ufizue und
Mammere abi gi Stai
wo de Rhein wi e riise Schlange
usem See bricht und
panta rhei nint wi ab und
alls de Sunne noo im *freudige Brusche*
go gi Basel.
   Selle *schöni, tolli Stadt*
isch mr ganz usem Blick
mir aber denkts bitter
wa mr dett ufgange isch

zmitts uf de Bruck:
wa zunenand findt uf däre Wält
isch vors denke magsch
scho usenander
je, 's isch nit anderst, lueg mi a, wie d witt!
   Vestellt au isch mr
de Blick uf de Säntis.
Där regiert wi en
Kenig im Hermelin
ibers Sankt Galler Land
und s Appezäll bucklet däm
um d Fieß und hofiert em.
   Wo d Sunne im Middag stoot
isch Rom
und wo si ufgoot
denk i mir s Hailig Land.
   So orientier i mi:
am Morge uf Jerusalem
Rom zue am Middag.
   Am Oobed
wenn s Avegleckle vu Klingezäll
benedeit und mir ibers Seedal
i s Ohr rieft:
vegiß it wa alles blanget und brieket
allum doo
do hennets und flennets
in hac lacrimarum valle
   eia ergo lueg i an Himmel
s blitzt ufe vu Klote
en silbrige Hai
gwittret iber mi wäg
und wiflet sin Diisefade
i s Gspinscht vu de andere:
   furt flieget si hommzues
hommflichtig furt
uf Rio

uf Hongkong.
   Mir isch woni anilueg Wält
uf mi zue
wallet Wält
iber mi wäg
   i stand woni stand
wi gfange inere gotzige Froog.
   Zwische mir und däm wani suech
en See
s ischt allwil en See
mool z breit
mool z dief
   vu mir uus
sag i mir
i hons it i de Hand
und hintersinne due i mi
därewäg it.
   Also
i bliib
i denk
i dengle ame Gedicht:
   i bruuch e Ordnung
i mim Revier.
De Rhein veglänzt
bald stärnlets mi aa
und hot mi de Schloof
kon Seerucke me stoot mr im Blick
i sieh hinter alls
und ammel au Strooße vu Gold
die laufet alle *schalom*
uf Jerusalem zue
i d Sunne *schalom* wo doo ufgoot
   und mir *schalom*
wird en neie Daag.

Rosemarie Banholzer

1925 z' Konstanz gebore, ufgwachse
und i d' Schuel gange;
Reichsjohr und Arbeitsdienst im
Schwobeländle gmacht;
noch Kriegsend im Südverlag
Konstanz gschafft;
1948 ghirote, 5 Kinder ufzoge;
1977 zrück i de Beruf bim
Südkurier Konstanz;
sit 1978 Mundart-Kolumne
jede Woch im Konstanzer Anzeiger;
zeh Mundartbücher gschriebe und
rund 800 Lesunge gmacht; –
es macht viel Freud, daß d' Mundart
guet akunnt und de Zuhörerkreis
all größer wird.

Wie e Schiffle

De Mensch isch wie e Schiffle.
Er triebt im Läbensmeer umenand,
manchmol graduus, machmol herne
oder derne vum Ufer,
hie und da kurslos.
Feschte Händ soddet's Steier hebe,
aber d'Element hond meh Kraft,
au de Horizont isch oft im Näbel
und 's Ziel isch veschwumme,
sterneklare Nächt sind viel rarer
as dunkle mit Wolke, wo abedrucket;
Riff gieht's und Sandbänk,
wo mer's ite vemuedet;
Strömunge mit Urgwalte riißet
des Mensche-Bootle hi und her,
Felse und Iisberg kummet uf omol
usem Dunscht ufedaucht,
d'Angscht rieselet de Buckel rab,
Hilf vu obe wird aagfleht,
etzd hoßt's: Bloß it loslosse
's Steierrad samt dem, fir wa me
veantwortlich isch.
So e Schiffspatent bruucht Lehrjohr;
mit Übe derf mer aber nie ufhöre,
weil d'Wetter immer wieder and're sind,
Hoffentli keit de Kompaß it iber Bord
und 's Herz bime Sturm it in d'Hose.

Uffrumme

Me schafft wie all Dag
manchmol ewäng weniger
manchmol ewäng meh
Uffrumme sott me
alles isch belageret
kon freie Platz hot me meh
zum no äbbes anelege
ablege sott me, wa erlediget isch
manche Sache sind nie firtig
me hot glochte Blätter
i so Klarsichthüllene
und trotzdem isch de Fall
uudurchsichtig
die meischte Vorgäng hond Eselsohre
oder roschdige Biroklammere
d'Regal werret mit de Zit
dotal iberfüllt
do gieht's doch sell Sprichwort:
„Kunnt Zit, kunnt Rot!" -
Vill Zit isch kumme
aber Rot war konner debi -

ob me z'wenig uffgrummt hot?

Wägedem...

Mir isch's egal,
wa d'Leit schnorret,
wägedem...

Mir kaa's glich si,
ob se s'Muul verrisset,
wäge sellem...

Mir isch's grad schnurz,
ob se bled daflet,
wäge derre...

Mir soll nu konner kumme,
des goht niemed nint a,-!
...
Wa hond se gseht?

Ime Buech lese

Mir fanget e Buech a z'lese,
's Uubekannte hot uns greizt,
uf de erschte Siite
überfliege mer d'Buechstabe,
weil mer's it vewarte kennet,
wie's wietergoht;
isches Neigier, Wissewelle?
Villicht en Gedankeblitz,
's kennt äbs Ufregends kumme!
Simmer selber demit gmonnt,
wenn d'Hauptfigur en
Schlingel isch?
Mache mir it's gliichlig?
Mir verdränget jede Art vu
Selbschterkenntnis,
mir identifiziered uns
lieber miteme Held,-
dommer innehorche in
die Träum vumene and're,
oder waret's doch wieder
die eigene?
Hot sich d'Grenze vewischt
zwische Dichtung und Wohret?
Zletschd wird des Buech doch
no zumene Deil vu unserm
eigene Läbe, ohne daß mer
debi gsi sind.

Es hot en Sinn

Scho früeh im Läbe muesches lehre,
mer hot sich gege manches z'wehre,
wo jede Dag so z'wider lauft
und om allbot de Schnied abkauft.
Goht's eifach it noch Wunsch, min Bue,
mit jedem Rickschlag lernsch dezue.
Nint isch so schlimm, i mach e Wett,
daßes it ebbes Guet's no het,
obwohl mers ersch viel später merkt;
gib jo it uf und scho bisch gstärkt.
Z'mols wird's dr - und des duet befreie -
wie Schuppe vu de Auge keie,
daß d'Niederlag hot ghet en Sinn,
ellei scho d'Iisicht ischen Gwinn.

Hans Flügel

Vü mir über mich

Gibore: Inere kalte Dezembernacht 1926
z'Biele. Erschts Erfolgerlebnis: Im zarte
Alter vü 12 Johre „Literaturpriisträger"
Aamerkung: E vü mir gschribene Fabel,
s Werk ischme Illuschtriertewettbewerb
isch unter Aawandluhr uisgezeichnet
worre. Schuele: Hauptschuel, Gymnasium,
Handelschuel. Aamerkhung: D Feischsünge
hond sich i frenze ghalte über mi schrii-
be: Zuersch hani mich i de Schriftschproch
güebt. Schröter hät s Intresse i de Hauptsach
de Mundart golte. Aamerkung: Ich acht'
und äschtimier d Dialekt. Liebe aber due
ich mi Frau.
No ebbis: Menhmol ech ich aa! Aamerkung:
Ich darf mich eineweg zu de überschvolterte
Bürger ni biege zelle.

                              Hans Stüpu

S Märchen vum hoffärtige Dichter

S hät emol en Dichter gäe, wo erfolgriich, aber mordsmäßig hoffärtig gsii ischt. Um Drükönig ume häter wieder emol e Lesung ghet und sich dodefür bsunders vil vorgnumme. As erfahrene Poet häter gwüßt, daß nu e heiters Publikum zwei Schtund lang ime Dichter zuelose ka. Drum häter zerscht sine luschtige Gedicht vortreit. Er hät vil Biifall kriegt, und daß i de zweite Reihe rechts use en Maa kon Finger grührt hät, ischt ihm gliich gsii. Dänn ischer zum kritische Teil übergange.

Er hät gwetteret gege d Umweltverdrecker un d Induschtrie. Gege d Atomwerk und gege d Kirche. S Klatsche hät numme welle uffhöre und hät ihm zeiget, wie räet dasser hät. Damol häters weng eige gfunde, daß desell Maa i de zweite Reihe it de gliiche due hät. No häter de Schpieß umtreit.

Er hät alle selle kritisiert, die i om zue s Muul verießed gege d Umweltverdrecker und d Induschtrie. Gege d Atomwerk und gege d Kirche. Und wieder hond ihm d Lüt miteme riesige Biifall zuegschtimmt. De häter aber gar it räet ghört, wil er nu uff de Maa i de zweite Reihe glueged hät. Aber de hät it emol Aaschtalte zum Klatsche gmacht. Aha, häter denkt, oner vu dene Klugschießer. Drufabe häter, waner it vorgsäe ghet hät, sine erschte Gedicht, mit dene er bekannt worre ischt, füregholt. Sine Vers sind poetische Bilderböge gsii, die er fascht gsunge hät. Im Saal isches zerscht mucksmüsleschtille gsii, und dänn ischt de Biifall wie en Vulkan usbroche. De Poet aber hät nu uff de Maa i de zweite Reihe achtgäe. No ischt ebbis passiert, wa wohl s Ärgscht ischt, wa ime Dichter passiere ka. Au de Maa hät uff ihn glueged und debi usgiebig gähnt.

Woner sich bi de Verantwortliche verabschiedet hät und die ihm zum Erfolg gratuliert hond, häters it loh könne, desell Maa i de zweite Reihe z erwähne. Do hond die Herre en Scholle glachet und gseit, daß des de Färber Hannes sei, und de kunnt de ganz Winter zu jeder Veraaschtaltung. Er wär schtocktaub und dät sich freue, dasser i de Wörme sitze därf. -

Lang hät de Dichter über de Obed nochdenkt, und zum erschte Mol ischt ihm uffgange, daß e bitzele Wörme vilmol meh wert ischt, as en Huufe gschiide Wort. Vu do aa ischer lang numme so hoffärtig gsii.

Umweltverschmutzung

De Wald ischt au mir
und e bitzele dir,
und selle Büchse vum Bier,
die lond mir schtoh,
sie wared nämlich letscht Woche scho do.

Sell Bächle dürt dibe,
s ischt it übertribe,
des ischt au mir
und e bitzele dir,
und die Büchse vum Bier
dürt wiiter hinne,
die lond mir dinne.
Die hät so e Sau,
ich wosses genau,
nu ha ich nünt gseit,
scho vorig Monet in Bach inekeit.

Kom Mensch kasch meh traue,
alls mond si vesaue
und dänn au no wie;
simmer froh, daß mir it so sind wie die.

D Hoseträger

Wil's monned, dasser ebbis treit,
wird Hoseträger zunem gseit.
Doch kasch vezelle, wa de witt,
wortwörtlich gnumme schtimmt des it.
Alls, waner duet i sinem Lebe,
ischt e Hose uffezhebe!
Drum wenn zu dem, wa du as treischt,
Hoseuffeheber seischt,
dänn schtimmts schprochlich ganz genau
und schöener schwätscht dezuehi au.
No woß ich halt, daß des it goht,
denn Hoseuffeheber loht
sich uff hochdütsch it guet schriibe,
drum wirds bim Hoseträger bliibe.

D Moral debi ischt jedefalls:
s hohe Dütsch ischt au it alls!

s Elend

Ich schieß dr druff,
morn häng ich mich uff.
Oder no besser,
ich nimm's Messer
Des ischt doch ko Lebe,
aber ebe.
Wa ischt des für e Welt,
alls dreht sich ums Geld.
Mein lieber Maa,
Gift sott me ha.
Mit em Revolver gohts au. -
Los emol Frau:
Morn gommer guet esse,
um's Elend z' vergesse.

De Uffstiiger

Scho ase klei,
do häter ellei,
nu so zum Schpässle,
us sim Schparkassekässle
mit eme Messer,
s ging immer besser,
uffgweckt und gwitzt,
Fümfer und Zehner usegstibitzt.
Schpöter, do häter,
de Dunnderwetter,
nu no diselle
Zweimarkschtückle welle.

Uff desell Bue
käm no menks druffzue?
Aber, ich bitt se,
hüt ischer Vize-
Direktor, und vu dem ganze
Konzern do ischer Chef de Finanze.
Und denkmol, do seiter
zu sine Begleiter:
Me mueß scho ase klei,
am beschte ellei,
e Verhältnis zum Geld ha,
susch würsch niemols en Weltmaa.

Stefan Graf

S'Dorf, wo n ich läb, liit im Breisgau,
aber d'Schproch vu dä Lüüt hät scho epps
vum Kaiserschtuehl. Mini Kinder sind
do gebore und schwätzed ganz andersch
wie ich. Sogar i so me kleine Land wie
dem südweschtliche Republikzipfele sind
ersch d'Kinder wieder "üheimisch". Dä
Vater kunnt vu dä andere Siite vum
Schwarzwald, us em Hegau, und ich
deswäge "it vu do". Un vu mir dä
Welt do epps lehre.
S'Schriibe isch für mich müehsam,
obwohl ich scho lang schriib. Z'ersch
sind's vil Johr Lieder im Dialekt gsi.
Uf Gschichte bin ich ersch vil schpäter
kumme. Mi Schriibete hanget oft als
vu me Augeblick, vu me Gfüehl oder
me Bild, wo sich im Buuch oder hinter
dä Auge feschthockt, bis es irgendwenn
zwische dä Finger uf ä Papier usefließt.

Dreihundertvierzeh

Am sechsezwanzigschte Januar, z'obed kurz noch dä achte, isch dä Hieroymus Bosch - im Mantel und mit zwei Köffer - us em Interregio vu Münche gschtige und hät vor em Bahnhof ä Taxi i s'Mövepick-Hotel gnumme. Dert hät er sich a dä Rezeption dä Schlüssel für dreihundertvierzeh gäe loh und isch mit em Ufzug in dritte Schtock ufegfahre. Er hät d'Zimmerdüre uf- und hinter sich wieder sorgfältig zuegschperrt, hät beide Köffer abgschtellt, s'Licht und dä Fernseher agmacht und dä Vorhang vu dä Balkondüre äwegzoge. No hät er d'Düre ufgschuckt, isch uf dä Balkon use, hät abegluegt in Park vor em Hotel, hät sich über s'Gländer buckt, wie wenn er die mundblosene Krischtallampe a dä Wägränder genauer schtudiere wott; und denn hät er sich mit eme liise Seufzer - wie omol ä weng luuter usg'atmet - vorne duri abe i d'Dunkelheit keie loh. Wo n er mit eme häßliche Knirsche uf em Schotterwäg ufdätscht isch, isch dobe im Fernseher grad d'Fanfare vu dä Tagestheme kumme.

D'Elvira, s'Serviermädle vum Reschtaurant, wo vu dä Chefin vor d'Düre gschickt wore isch ge luege, worum seller Köter dusse im Park it ufhört mit jaule, wär schier über en durekeit; so dicht vor dä Schwelle isch er gläge. Ihren Schrei hät s'ganz Reschtaurant uf d'Füeß brocht. D'Gäscht händ se uf em Kieswäg uf dä Knie gfunde, wo se zuckt hät wie en Hampelma und numme hät ufhöre könne mit kotze.

Dä jung Notarzt, wo ä paar Minute schpäter vorgfahre isch - praktisch gliich-ziitig mit dä Polizei -, hät sich it viel besser gfüehlt, wo n er der verdrüllt Kör-per mit ere Handlampe hät alueege müsse. Do händ ä paar Manne d'Elvira scho hinne im Reschtaurant uf en Bank glegt gha; wo se's im Dr. Hohbieler gseit händ, hät er dankbar si Lampe usgmacht und isch i s'Warme zu sinere Pa-tientin. Er hät sanft uf se igschwätzt, ihre ä Beruhigungsschpritze gäe und se denn im Rettungswage mit i s'Krankehuus gnumme.

Zu dem Ziitpunkt hät d'Polizei dä Park scho abgschperrt und usglüüchtet gha. En Oberkommissar isch um die zämmedruckt Sauerei, wo laut Meldezettel mit em Herr Bosch us dreihundertvierzeh identisch gsi isch, umegloffe, hät eme Polizeifotograf Aweisunge für Bilder gäe und debi versuecht, weder i d'Bluetlache no i d'Kotze uf em Wäg inez'dappe. Wo alls fotografiert und us-gmesse gsi isch, hät er kurz mit zwei Männer i dunkelgraue Arbetskittel gschwätzt, wo i dä Dunkelheit verschwunde und kurz druf mit ere glänzige Zinkwanne uf Rädle wieder fürekumme sind.

Dä o vu beide hät sich dünne, wiiße Gummihändsche azoge, vor er dä Dote aglangt hät. Er isch no jung gsi; si Arbet isch em sichtlich schwer gfalle, ganz im Gegesatz zu sim ältere Kolleg, wo routiniert en verrissene Schopeärmel obe uf des Bündel i dä Wanne drufglegt und no dä Zinkdeckel zuegschla hät.

Dä Bschtatter hät sin Sohn am nächschte Tag beruhigt. „Wosch, Jochen, des goht mir ab und zue au no so. D'Selbschtmörder sind mit vu dä Schlimmschte. Do fangsch immer wieder a und frogsch noch em Worum und hintersinnsch dich debi. Aber au so on wie der letscht Nacht hät Aschpruch uf ä weng Würde, und mir mond luege, daß er se kriegt. Du häsch es ganz räet gmacht. Und glaub mer, a des, wie so epps ussieht, gwöhnt mer sich mit dä Ziit."

Dä Dr. Hohbieler isch noch ä paar uruhige Nächt devu überzeugt gsi, daß er sich a so epps nie gwöhne dät. Er hät über die nächschte Däg immer wieder a der Iisatz zruckdenke müsse. Z'letscht hät er sich - über eme Teller Kässchpätzle i dä Krankehuuskantine - ime ältere Oberarzt avertraut: „Wisset Se, ich hett überhaupt it gwißt, wo afange, wenn der no gläbt hett." „Üben, üben, üben" hät dä Ander nu gseit, ä weng grinst und ufg'esse. Dä Dr. Hohbieler isch doghockt und hät gar it gwißt, worum er sich uf omol so bschisse vorkumme isch.

Am schpote Nochmittag vum gliiche Dag isch em uf em Homweg im Park vum Krankehuus ä junge Frau begegnet. S'Gsicht hinter em Schal isch em bekannt vorkumme. D'Elvira hät en im gliiche Augeblick au gsähne und schnell weggluegt, aber er hät se einewäg agschwätzt. „Wie goht's Ihne?" „Dankschö, Herr Dokter, wieder ganz guet." „Des freut mi." Sie sind ä weng ugmüetlich näbenenand gschtande, dä Atem wie zwei kläne Dampfwölkle vor em Gsicht, bis er sich mit eme „Also denn..." uf dä Wäg hät mache welle. „Herr Dokter..." „Jo?" „Ich ha nu sage welle... Viele Dank, daß Sie mir a dem Obed gholfe händ. Ich woß au it... ich glaub, ich hett susch..." Sie hät abbroche und vor sich her uf dä Bode abegluegt. „Isch scho räet. Ich bi jo froh gsi, daß ich wenig-schtens Ihne ha helfe könne." Und noch ere kläne, verlägene Paus: „Für mich isch au schlimm gsi." Sie hät gnickt und sich umdreht, und denn plötzlich gseit: „Ich bi so froh, daß Sie do gsi sind." Und isch furt gsi.

Uf em ganze Wäg hom hät er g'hirnet, aber s'isch em ko Antwort igfalle. Schpot am Obed hät er no, wie us eme schpontane Impuls use, dä Huufe Ziitinge vu dä Woche dureglueget, bis er die vum siebenezwanzigschte Januar gfunde hät. Näbem Artikel, wo über dä rätselhaft Selbschtmord im Mövepick-

Hotel am Obed dävor brichtet hät, isch ä Foto vum nächtliche Hotelpark gsi, mit dä zwei Bschtatter samt Zinkwanne im Vordergrund, und im Hintergrund eme Rettungswage, wo se grad epper uf ere Trage inedond. Er hät's usgschnitte, mit eme schwarze Filzer ä dicks Frogzeiche drufgmolet und 's denn a dä Pinwand i sim Arbetszimmer ufghängt. Dert hät's fascht zwei Johr überduuret, bis es si derziitige Fründin bi me Großputz zämme mit me Huufe anderem vergilbtem Papier furtkeit hät.

Des Foto isch os vu dene gsi, wo dä Polizeifotograf a sellem Obed gschosse gha hät, und hät inzwische i d'Sammlung vum Oberkommissar Knittel ghört. Er hät en Huufe so Sammlunge im Schtahlschrank i sim Büro ufghebt, natürlich schtrikt für dä Dienschtgebrauch. Dä Fall „Bosch, Hieronymus" isch mit dä Ziit zu me bsundere Paradeschtückle für sin Unterricht i dä Polizeischuel avanciert. Er hät mit dä junge Polizischte immer die ganz Diaserie duregmacht, inklusive dä Perschpektive vum Balkon vu dreihundertvierzeh abe uf dä Kieswäg und em Hieronymus sin umedrüllte Körper. No hät er us em Untersuechungsbricht zitiert, wo dä Fernseher und die zwei Köffer erwähnt wore sind, und hät sine Schüeler scharfsinnige Vermuetunge über Möglichkeite und Motiv für en Mord aschtelle loh. Zum Schluß hät er no immer s'Dia mit dä letschte Siite vum Bricht vu dä Schtaatsanwaltschaft zeigt, wo „Selbschtmord" tippt gsi isch und drunter dä rot Schtempel „Verfahre igschtellt". „So ka's au goh, mini Herre" isch immer sin letschte Satz i dem Unterricht gsi. Er hät des extrem aschaulich gfunde und die Diaserie „Bosch, Hieronymus" au als Kriminalrot no zeigt.

Dä Jochen hät - au noch em Gschpräch mit sim Vater - die erschte paar Däg die gruusige Bilder fascht it vergesse könne und denkt, des dät em etz für immer und ewig lange. Aber des mit dä Würde isch em no lang noch, au wo die optische Iidrück mit dä Ziit verblaßt gsi sind. I dä nächschte Semeschterferie hät er wieder jobbt. Er hät viel gsähne, und s'isch it liichter zum verschtoh gsi, aber besser zum vertrage. Und noch nomol fümf Semeschter Plogete und no dä Nummere dreihundertvierzeh uf dä Wartelischte vum Oberschuelamt, hät er denkt, wo n em dä Vater vorgschla hät, er sott etz doch in Betrieb mit ischtiige: „Worum it?" Dä Selbschtmörder vum Mövepick-Hotel isch zu dere Ziit nu no ä Anekdote gsi.

Wie Gras

Wo n er elf gsi isch, isch im Februar ganz plötzlich si Großmame gschtorbe. Mer hät em verzellt, sie wär bim Metzger uf omol umkeit und hett ganz sicher it liide müsse. Daß si Mutter pläre dät, hät er sich denkt gha; wo n er aber gsähne hät, wie dä Vater bim Nachtesse mit dä Träne kämpft und vorem Bäte mitere verschtickte Schtimm gseit hät, sie sottet alle für d'Oma mitbäte, do isch epps gruusig Kalts ohne Name in en inekroche, und er hät sich nu no ganz liis froge traut: „Kunnt d'Oma etz numme zu uns zruck?" „Nei, nieh meh." „Isch se im Himmel bim liebe Gott?" Sine Eltere händ gnickt, aber des ohne Name isch devu it weggange.

Nachts im Bett hät er dä lieb Gott gfroget, worum d'Großmame hett schterbe müsse, und ob des it gäng, daß se am andere Morge eifach wieder do si könnt, und alls wär gar it wohr gsi. Not hät er liis i si Kopfkisse inepläret, und kon isch kumme ge tröschte.

Natürlich isch am andere Morge alls immer no wohr gsi, und über die nächschte Däg isch em d'Bedeutung vum Dod langsam ufgange. S'dät nieh meh Marmeladbröter gä, i dä große Kuchi mit em Blick uf dä Füürwehrturm use, wo die lange Schlüüch zum Trockne ghanget sind. „Witt ä Igmaxbrot?" hät se als gfroget und no s'Brot umschtändlich mit dä linke Hand vum Laib abegschnitte, obwohl des doch ihre schlechte Hand gsi isch und sie bi ihne dohom scho lang ä Brotschniidmaschine gha händ. S'dät au nie meh epper Torte mit Moccacreme mache, wo's nu bi bsundere Fescht gä hät. Und sin Großvater, seller schtark, alt Ma mit dä Goldzäh und em schtiife Fueß, wo em mit sinere Schtimm und sine Laune hälinge immer ä wäng Angscht gmacht hät, isch etz all Dag zu ihne zum Mittagesse kumme, hät d'Suppe vum Löffel abegleert und isch am Disch immer wieder eifach in Träne usbroche. Er hät sine Eltere beobachtet, ob die sich au so schrecklich veränderet wie dä Großvater, aber usser daß se arg truurig usgsähne händ, isch alls gliich gsi wie immer.

Er hät d'Großmame vor dä Beerdigung nomol gsähne; sie isch ime Raum näbe dä kalte Friedhofskapelle gläge, hinter ere Glasschiibe, zwische me Huufe farbige Blueme im Sarg, und hät d'Auge zuegha. Er hät gmerkt, daß es hett ussähne solle, wie wenn se grad igschlofe gsi wär, aber trotz dene rote, gschminkte Backe hät mer sähne könne, daß alls en große Bschiß gsi isch. „Wie wenn se schlofe dät" händ die Verwandte gseit und afange hüüle, und dä

Großvater hät gschluchzt: „So solleder euerni Oma im Gedächtnis bhalte."
No händ se müsse goh, und wo dä Sarg usebrocht wore isch, isch er fescht zue
gsi.
Alle händ während dä Beerdigung plärt, er au, obwohl er dägege kämpft und
sich gschämt hät. Hinenoch, bim Kaffeetrinke i dä Wirtschaft, sind die Er-
wachsene uf omol ganz komisch wore und nochem dritte Schnaps fascht
luschtig; er hät's überhaupt it verschtande, und es isch em vorkumme wie Ver-
rat. Die ganze nächschte Monat hät er immer wieder d'Großmame mit ihre
rosige Backe im Sarg liege sähne, wo gar it dot gsi isch und wo mer trotzdem
uf em Friedhof im kalte Bode vergrabe hät.
Dä Großvater isch nieh meh wore wie vorher; er isch uf omol krank gsi und i
s'Pflegeheim kumme. Irgendwenn mitte i dä Summerferie händ d'Eltere noch
eme Bsuech im Heim denn gseit, s'könnt si, daß dä Opa schterbe dät, und ä
paar Dag schpäter isch er tatsächlich dot gsi. Offesichtlich hät des alls mit em
Dot vu dä Oma zum Due gha; er hät sich immer vorgschtellt, wie se im Him-
mel mit em liebe Gott gschwätzt hät, daß er dä Großvater au holet. Deswäge
hät er s'Schterbe desmol au liichter gnumme; dä Großvater hät jo en Platz
gha, wo n er higange isch.
Zwei Woche schpäter hät mer d'Wohnung vu dä Großeltere usg'rumt. Alle
Möbel, alle Bilder, s'ganz Gschirr, alls isch verteilt wore und furtkumme. Er
isch im Gang gschtande, während Lüüt, wo n er it kennt hät, Sache an em
vorbi d'Schtäge abetrage händ, und hät nomol der Gruch noch Bohnerwachs
und alte Sisalläufer ig'atmet, wo zue dem Treppehuus ghört hät. Für Kinder
hät's us dä Wohnung susch nünt gäe.

Gerhard Jung

Wenn i als emol eso
in Spiegel lueg,
no sag i zue sellem,
wo dört useblinzget:
Weisch, e bizzeli
bisch scho e Dubel,
wil so viil umtribsch
oder Di umtriibe losch!
Aber wenigstens bisch däbii
e glückliche Dubel,
un sell isch meh wert
als en ebig suure Gschüütli!
Däno lacht er,
sellen im Spiegel!

De Schrei

„Traumduttli" hän si zue n em gsait. Weisch: Woner gangen isch un gstande, hät er träumt.

Mänkmol hät er chönne stohbliibe zmits uf de Stroß, d Nase in de Luft un d Händ im Hosesack, un hät chönne neumen aneluege, neumen ane, wo siini Traumgstalte tanzt hän oder grunge mitenander.

No hät er als ganz großi Auge kriegt, de Traumduttli, großi un glänzigi Auge. Mänkmol sin d Lüt zue nem angstande un hän wölle luege, was de chlei Spinner siht. Si hän aber nüt gseh. Do hän si glacht, un ein hät em e Schupf ge un gsait. „Traumduttli, wach uf!"

S isch a men Obe gsi im März, won er in Wald ufegangen isch. S hät scho dunklet, un eigentlich hät er Angst gha. Luure nit Gspenster un bösi Mensche im Wald, wenn s nachtet?

Angst hät er gha; Angst, gruusigi Angst.

Aber gangen isch er eineweg. Er hät eifach müeße goh. S hät en zoge un gschupft, s hät en zänslet un tribe. Er hät müeße goh. De Hund het er gern mitgnoh. Aber de hät sii Angst gspürt un hät sich versteckt im Schopf hinte.

Un s isch guet gsi eso. Sell, won en tribe hät un zänslet, zoge un gschupft, sell hät en ällei wölle ha. Muetterseelenällei.

Zue de hohlen Eiche häts en zoge. Weisch: In de hohlen Eiche wohne d Träum. Dreimol, viermol am Tag hät er als chönne ufechlettere bis in di höchste Wipfel, won er hät über s Tal uus träume chönne, über s Dorf am Fluß un über de Rauch, wo us de Kamin gstigen isch un hät Zeiche gmolt an bleiche Himmel.

Aber jetz isch alles anderst gsi. Jetz hät er Angst gha vor de hohlen Eiche. Groß isch si gsi un schwarz un us em mächtige Laubwerk hän d Sterne glitzget wie bösi Auge.

„So isch Gott!" hät er denkt, de Bueb, „groß und finster un schuudrig!" Un er hät sich nit traut, de Chopf an die warmi Runzlerinde lege, wien er s als am Tag gmacht hät. Do isch er gstande wie iinegwurzlet in steinige Bode. Er hät gspürt, wie d Chälti d Bei ufstigt un am Rucke ufeschliicht gege s Herz.

„Jetz! jetz! jetz!" hät er denkt, un s isch em gsi, s würgi e chalti Hand an siim Hals.

Lang isch er eso dogstande. Aber wo s däno cho isch, isch er doch verschrocke.

De Wind hät uf eimol agfange stürme un rüttle, d Eiche hät gruuscht wie ne Meer im Sturm un gächzet wie d Urgroßmuetter, wenn si sich d Stege ufezoge hät in s Mansardechämmerli: Oh je! Oh je! Un uf eimol hät er die hohli Eiche ghört schwätze - ganz dütlich hät ers ghört.

„Krack, krack - chrackelipack!" hät si gsait, un däno isch er cho, de Schrei!

E gruusige Schrei!

E böse Schrei!

D Hoor sin em z Berg gstande, un s Bluet isch em schier gfroren in de Odere, zitteret hät er wie Espelaub. Un nonemol - de Schrei.

Aber do, do, do hät er ufsmol müeße lache - lache - lache!

„Wixi!" hät er gruefe, „Wixi."

Jo de Wixi isch es gsi, de Kauz, de Nachtvogel, de Totevogel. De schreit doch all Nacht so im Früehlig, wenn dunte im Dorf d Liechter a'göhn.

„Jetz stirbt e Mensch!" hät d Großmuetter amig gsait, wenn de Wixi eso gruefe hät über s Tal. Mänkmol hät s sogar gstimmt; däno hän d Lüt gsait: „D Großmuetter häts gwüßt!" Un si hän sich gschwind verdruckt, wenn d Großmuetter ins Holz gangen isch mit de Soldatestifel un ihrem strenge hellgraue Blick.

De Schrei! De Totevogelschrei!

Hät er dodruf gwartet mit de ganze schreckliche un süeße Angst vo siine zwölf Johr? Jo! Mit de ganze wilde, verwunschene un verwirlete Gedankewebete hät er druf gwartet, aß en de Schrei überetribt un zänslet, zieht un schupft über d Schwelle vo siim Chindsii - endlich übere - ins Lebe.
De Schrei! De Schrei!

Ganz dütlich hört er en jetz wider.

Aber s isch nit de Wixi, wo schreit. S isch nit de Totevogel us de hohle Eiche.

En andri Macht schreit jetz de Schrei!

Was zucke dört für blaui Blitz in de Eiche hinter de Autobahn?

Er stoht am Fenster vom Sanatorium. Er lehnt sich uf siini Chrucke, luegt uf die blaue Zuckliechter un hört de Schrei - de Martinshornschrei, de Totevogelschrei vo de moderne Zit.

Un er denkt: „Wie bin i do ane cho?

Dur hunderttausig Träum häts mi do ane zänslet un tribe, zoge un gschupft: Buebeträum, Manneträum, Greiseträum.

Vo de Liebi han i träumt un vom Tod, vom Chrieg un vom Glück. Heimwehträum, Angstträum, Haßträum - erfüllti Träum - verloreni Träum. Vo Schrei zue Schrei."

Er spürt, wie d Chälti d Bei ufstigt. Er siht di blaue Liechter tanze, un er lost, wie de Schrei witerzieht un liislig wird, immer liisliger.

Un er hät Angst. Er hät immer no Angst.

Er draiht sich um. Er goht in s Zimmer zrrck un zieht de Vohang vüre.

„Traumduttli, wach uf!"

Dämmerstund

In de blaue Dämmerstund
gang i alti Stroße.
Us de dunkle Gärte chunnt
Duft vo spote Rose.
S würd mer weh un nümmi wohl,
s hät mi wider gfange.
Weisch, do si mer s letztimol
mitenander gange.

In de blaue Dämmerstund
chömmen all Gedanke
neume giirig us em Grund,
zaih wie Efeuranke.
S würd mer weh un nümmi wohl,
i cha s nit vergesse.
Weisch, do si mer s letztimol
binenander gsesse.

In de blaue Dämmerstund
häsch mer s Herz verwundet,
aß es nümmi zue sich chunnt,
nümmi heilt un gsundet.
S isch mer weh, so windeweh.
Häsch mer s Jungsii gstohle.
Un i find kei Usweg meh,
wie n is zruck chönnt hole!

Heimcho

Heimcho
heißt nit zruckgoh
in e Neume, wo s scho lang nümm git.
In s Eltrehuus,
in d Chinderzit,
in d Herrgottswinkel vo de Erinnerig.

Heimchoh
heißt: Nonemol a'fange,
dört, wo mer fehlgangen isch,
Türen ufmache,
wo mer selber verschlosse hät,
suubermache,
wo mer Dreck hitrait hät
an de Schueh.

Heimcho
heißt ufbaue,
was mer selber umgheit hät,
schaffe, was mer scho lang het schaffe müeße,
aß es eso wird,
für di andere,
wie mirs uns träume
sell Däheim.

Sophia Bauer

Ebbis vo mir:

Menkmol schrüb i Gschichte
für Lit un vo Lit, wo grad
ebbis erlebt hen, wo si selli
bewege duet. Was i wott?
Mit de Lit e Stuck wit mitgoh
un ihne in ihrer eigene
Sproch verzelle, daß alles e
Bedittig het, un daß sich
in de Zuewendig zu me
andere en Sinn finde loßt.
Idhein dha für sich allei
lebe; un khein sott mer
allei lebe lo!

                    Sophia Reuer

En chleine nasse Funkkontakt

Di jung Altepflegschüeleri Nicole het de Uftrag kriegt, mit de Frau Wendel ei Stund mitem Rollstuehl spaziiregoh. Es isch e langwiiligi Ufgab, well mer mit de Frau Wendel nimmi schwätze cha. Glanzlosi Auge imme starre Gsicht, unfähig, eigeni Wörter z forme. So duet d Nicole de Rollstuehl vor sich hereschirke, luegt de faltig Hals vor ihre a, un duet allbott wiider emol gwohnheitsmäßig s Chopftuech über de schütter Hoorasatz vo de alte Frau ziehe. Sanft loßt si de Rollstuehl über de Randstei kippe, um uff di ander Strooßesitte z laufe, duet d Händ vo de Frau Wendel wiider unter d Decki schoppe un ihre eigene Gedanke nochhänge. Uff eimol mueß si gäch stohbliibe. Vorem Rollstuehl sitzt en chleine Hund. „Chum gang uff d Sitte!" sait si zuenem. Doch er duet si numme treuherzig ahluege un si eint verfilztes Ohr uffrichte. D Nicole versuecht de Hund wegzdrucke. Er bliibt eifach hocke, legt de Chopf schief un duet an ihre ummeschnuppere. Si will sich energisch mitem Hund beschäftige, lengt noch sim Halsband un luegt ganz verdatteret d Frau Wendel a. Des was si siiht, duet si völlig unvorbereitet treffe. Vom Rollstuehl her schelle sich dünni Händ ussere kariirte Decki un dien sich verlangend in Richtung Hund zuebewege. Un d Veränderig im Blick vo de alte Frau un de ungwohnt Gsichtsusdruck dien aditte, daß des, wo it möglich si cha, doch möglich werde chennt. De letscht Rest vo de Nicole ihrer pflegerische Selbstsicherheit wird deno vonere nasse Hundezunge, wo ihre alli Finger abschlecke duet, eifach weggwischt. Un d Instinktsicherheit vo de Kreatur loßt de Hund au no mit de rechte Vorderpfote an de Decki kratze, wo d Bei vo de Rollstuehlfahreri fescht igschlage sin; er will sich uffneh un striichle lo.
Wenn d Nicole numm ein Gedanke kha het, wie die Gschicht wittergoh chennt, si het de Hund gwiß hinter de nächscht Gartehaag gschleipft. So duet si ihn uff d Chnii vo de Frau Wendel lege un weiß selber itte, obs us Mitgfühl mitere zitternde alte Hand isch oder miteme bittende, eigesinnige Hund. Un des Igoh uff d Gfühl vonere alte Frau, wo gar nimmi möglich si hen chenne, loßt si de Blickkontakt sueche. Un uff eimol isch numme no die Zärtlichkeit wo sich langsam iistelle duet, un des jung Maidli über die alte iikheite Schultere striiche loßt, die einzig gegewärtig Realität. Als Funkkontakt lit zwische ihne en chleine Hund miteme Halsband, wo de Namme „Asta" igraviirt isch. Es isch liicht für d Nicole, de Bsitzer vo de „Asta" uusfindig z mache un d Erlaubnis izhole, all Tag d „Asta" bsueche z derfe.

Wenn de Spaziirgang usfalle mueß isch d Frau Wendel so unruhig un duet de Hund so offesichtlich mangle, daß bi Regedäg d Nicole de Hund ins Alteheim iineschmuggle duet. Vo dem Tag eweg sin de Nicole ihri Dienststunde zuesätzlich belastet mit Erkundungsgäng, um en chleine Hund ungseh in e bstimmtes Zimmer z bringe. Doch ihri Angst chunnt ihre grad eso groß wie unwichtig vor. Un ihr Herz duet chlopfe wenn Schritt im Gang usse vorbei goh dien, ohni durch e unverhofftes Ihnecho di einzige mit Lebe erfüllte Minute in de einsame Täg vo de Frau Wendel z unterbinde.

Für de Transport vom Hund ins Huus het sich di jung Pflegschüeleri en Chorb zuetue. Un geduldig loßt sich des Tiir in de Chorb stecke un au no miteme wiiße Beruefschiddel zuedecke. De Ruckweg isch eifacher. Dert derf d „Asta" bi de Frau Wendel, wo im erste Stock s Zimmer het, eifach zum Fenster ussespringe. So isch de Hund en zueverlässige Partner in dere Ufgab, imme alte Mensch des z geh, wo so tief iprogrammiirt isch, daß des Verlange denoch durch khei Krankheit un khei Alter zerstört werde cha. Un zittrigi, zärtlichi Händ, vergrabe imme chnuddlige, weiche Hundefell verzelle dem junge Maidli vonere Reis, wo mir alli, ohni Usnahm bi de Geburt atrette hen. Un mir hen dezue e Fahrcharte übercho: „Eimol noch Ennedra; ohni Zruck!"

Un in dene Wuche duet d Nicole lehre, daß jeder im andere d Fahrt erträglicher mache cha; un daß jedi Geburt ihren Sinn in de Begegnig un im Umgang mit de Mitreisende finde mueß.

Des isch de eint Grund, warum d Nicole sich witter durch unvorhergsehni Hindernis schliiche duet. De ander Grund isch en boxbeinige, chleine Hund, wo durch de unverdorbe Charakter vo de Kreatur ihre s Letscht an Standhaftigkeit zu dere Uffgab abverlange duet.

So chunnt d Nicole au am letschte Tag vo de Frau Wendel mit de „Asta" ins Huus ihne. Mitte im Gang chunnt ihre d Pflegedienstleiteri entgege. De Schrecke isch so unerträglich, wies d Aspannig vo de letschte paar Wuche gsi isch. Alles duet sich dodrin entlade, daß d Nicole de Chorb kheie loßt. D „Asta" duet ussepurzle. Un de Hund duet sin Schrecke un si Angst uff si Art verschaffe. Er produziirt in dem blitzblanke, sterile Gang en chleine See.

„D Frau Wendel isch erlöst worde!" sait d Pflegedienstleiteri un duet de Nicole d Hand drucke. Si druckt domit au s Wisse um d Gschicht vom e chleine Hund, de junge Pflegeschüeleri un de Meta Wendel uus.

D Nicole blinzlet naime ins Grau vom lange Gang un durch dicki Träne findet de letscht Uusduusch mitere alte Frau statt. Un in dem unbändige Gfühl vo

Abschiid un Zärtlichkeit isch zum erschtemol e Gspräch zwische ihne möglich, ohni en chleine Hund als Funkkontakt.

Doch wie d Abdrück vo nasse Hundepfote in dem Gang langsam verwische dien, loßt au jedes Gfühl, un wenns no so heftig isch, irgendwenn noch.

D „Asta", en fremde, verschämte, chleine Hund duet als Testament vo de Meta Wendel im Uusgang entgegewatschle. Un in siire Spur isch unuslöschlich igraviirt, daß alli Requisitte, wo en Funkkontakt zume Mensch herstelle chenne, wo ihm Wärmi, Zärtlichkeit und Zuewendig vermittle dien, erlaubt sin.

Grad für d Säu mueß mer bedde

Drei Täg vor Christihimmelfahrt het de Pfarrer Winterhalter mit de Bittprozessione agfange. Di Gläubige hen sich in de Kirch versammlet un d Allerheiligelitanei beddet, um deno am erschte Tag noch Brandeberg z laufe, um für d Brandeberg-Fahler wege de Fruchtbarkeit vo de Matte un Felder z bitte. De nächscht Tag isch de Aftersteger Flächi gwidmet gsi; un deno hen au d Schlechtnauer ihri Wünsch für e guets fruchtbar Johr, ohni Naturgwalte im Herrgott vortrage derfe.

Viir Statione hets uff de Bittprozession noch Schlechtnau geh. Drei chräftigi Bursche hen abwechselnd imme Köcher s groß Chritz trage derfe. In dem Johr het de Pfarrer Winterhalter drei Jungmusiker, de Fink Isidor, de Bühler Fritz un de Scherer Roman usgsuecht kha.

Wege de große Hitz un dem schwere Chritz hen die drei Bursche no vor de Prozession e paar Gläser vom Todtnauer Volksbräu-Bier trunke. So isches it usbliibe, daß scho noch de erschte Station naime en liichte Druck dogsi isch. Als Chritzträger, direkt vorem Pfarrer, hen si niene dem Druck nochgeh chenne. So hen si an de Kandermatt vorbei bis zur viirte un letschte Station bim „Bläsi"-Wirt z Schlechtnau durchhalte mieße.

Deno isches mitem Verhebe nimmi gange. So hen si s Chritz nebe d Stallwand ahnegstellt un hen sich gschwind zu de Stalltüre ihnedruckt. Si hen sich so gschickt, daß de Pfarrer no it mitem Johannesevangelium fertig gsi isch, wo die Drei wiider uf ihrem Poschte gstande sin.

Doch wie des eso isch, wenn ebis gschwind un ohni daß ebber ebbis merkt goh mueß, hen die Drei vergesse, de Riigel vom Saustall wiider fiirezschirke.

De Winterhalter isch grad debi gsi, um de Sege z bedde, wo viir usgwachseni Säu in d Prozession ihnegfahre sin. D Säu hen quiikt, d Fraue hen e Gschrei gmacht, un d Männer sin im „Bläsi" inne verschwunde go de Huusbursch sueche. Uff alli Fäll hen sich d Lit in e sicheri Entfernig zruckzoge un de Pfarrer het allei witterbeddet. Ein isch jo für de Sege zueständig gsi.

S Gebet un d Rui, ebbis mueß die uffgregte Säu besänftigt ha; un so sin si um de Altartisch ummegstande, hen d Blueme drabgfresse un au e chlei weng untedrunter gnuehlet. Bi dem friidliche Bild hen sich di Gläubige au bald wiider ahnedraut. Un si hens schiir it glaube welle, wo si ghört hen, daß de Pfarrer für d Säu beddet het. Er het im Herrgott für de guet Schunke dankt, woner wachse lo het, un wo jeder an dene Säu het seh chenne.

Do het eini vo de Kongregationsjungfere gmeint: „Des han i no nie ghört, daß mer au für d Säu bedde duet!"

De Pfarrer wo des ghört het, het deno lutt zu de Gläubige gsait: „Grad für d Säu mueß mer bedde!" un er het wiiderholt: „Für selli mueß mer bsunders bedde!"

In de Fremdi

E bsunders Original isch de Emil, de Sohn vom Gremmeli-Schniider gsi. Si hen in de Kirch-Strooß nebem Brand-Bächli gwohnt.
De Emil het scho als Bue zu sim Vatter gsait: „Us mir machsch khein Schniider!" Doch de alt Gremmeli-Schniider het it dra denkt, sin Bue ebbis anders wie en Schniider werde z lo. Er het allewiil gmeint, daß ihm de Emil des schulde dät, ihm bi de Arbet z helfe.

Wos deno eso witt gsi isch, daß de Emil us de Schuel cho isch, het ers grad viir Wuche bi sim Vatter in de Lehr usghalte. Doch deno isch im Emil sin Lebenswille heftig uffgflackeret: „Vatter, i chum mir vor wie in de Gfangeschaft!" het er brielet un d Arbet eifach ahneblätzt. „No schaffsch halt in de Gfangeschaft!" het de alt Gremmeli-Schniider d Antwort geh un si Meinig mitere kräftige Ohrfiig unterstriche. Un de Emil het gwißt woner dra isch, un daß ihm s ganz Lamentiire nit nutze dät. 24 Stund het de Tag un jedi Stund het 60 Minute. Im junge Gremmeli-Schniider isches ganz anderscht worde. Er isch welleweg nie guet im Rechne gsi, aber die Zit wo er si Lebe lang mit Nainodle un Fade het zuebringe mieße het er begriffe un si het ihn tschuudere lo.

Un des isch de Grund gsi, wo deno sell passiirt isch, wo niemer in Todtnau het glaube chenne. De Emil isch in d Fremdi gange! Er isch it zum Hebe gsi. Si Mutter het ihm e halbi Sitte grauchte Speck ipackt un e großes selberbaches Brot un no menks dezue. Wo de Emil mit sim Ränzli z Todtnau usseglaufe isch hen ihm d Lit nochglueget un d Chinder sin e Stuck witt mitem gange. Sisch grad eso gsi, wie wenn de Emil ebbis Bsunders gsi wär. Un alli hen d Gremmeli-Mueder beduuret, well si nit het ändere chenne, wo gege im Emil si Natur gsi isch.

S isch e Wuche später gsi, wo sich d Chinder vom Oberdorf gege d Bandi vom Hinterdorf un d Schönler gege die vom Mühliwinkel vorem Gremmeli-Schniider-Huus e großi Schlacht gliiferet hen... mitere alte Rollmopsbüchs. In de Zwenzgerjohr isch e großi Rollmopsbüchs zum Spiele e Rarität gsi. Un jeder het versuecht, mit sim Bengel, die Büchs z treffe so daß s Krakeele vo de Chinder un di blecherne Schläg uff dere Büchs zu eim einzig lutte Ton zemmegschmulze sin.

Verteidigung, Abwehr un allbott Schläg uff die Büchs wo si meterwit durch d Luft fliege lo het bis es wegem Tscheppere vonere Fenschterschiibe uff eimol mucksmiislistill worde isch.

Un d Chinder hen stockstiif un stumm zum Chellerfenschter vom Gremmeli-Schniider-Huus dureglueget, wo ganz ganz langsam en Chopf zwischem kaputte Glas un Fenschterrahme ufftaucht isch.

Khein Zwiifel! S isch de Emil, de jung Gremmeli-Schniider gsi! Er het die zemmedätscht Blechbüchs ussekeit un mitere unglaublich hochnäsige Stimm ussegruefe: „Wenn i jetzt it in de Fremdi wär, dät i grad ussecho go eu de Ranze verschla!"

Roland Lederle

Im „Vaterunserloch" z'Dochtern hinte bin i anne '28
uf d'Welt cho, un do leb i au mit miinre Frau
un mit de Familie vum eine Bueb zsämme sit '69
im eigene Huus. De ander Sohn isch Lehrer un wohnt
mit siinre Familie in Enge im Hegau.
44 langi Johr bin i Schuelunsichter gsi, 22 Johr dävo
Landschuellehrer un normol soviel Johr Rektor an
miinre Heimetschuel.
I bin en typische Widder, han als so ein mim eigene
Chopf, sag it zu allem „jo" un han als Lehrer natürli
immer recht! Miini gröschte Fehler sin, daß i fascht
nie „nai" sage cha un daß i meischtens alles selbs
mache wott, wil mr's nimmes so recht mache cha!
Un do drum han i au immer ebbis z'schaffe un fascht
nie kei Zit!
Miini ganze Theaterstückli, Gedichtli un Gschichtli
han i meischtens unter Zitdruck gschribe (mit
de Fuischt im Gnick!). Trotz allem sin sie zum Groß-
teil doch no ebbis worde! Mit miinre „Dichterei" han i
übrigens vor bal fuffzg Johr aagfange, wo-n-i miinre
Frau bal e ganz Johr lang jede Dag e Gedicht gschri-
be ha.
Mi ganz Lebe lang han i immer fescht unnegschafft,
bin bi viele Sache vorne dra gstande un ha de Maa
stelle müeße. Kei Wunder, daß de „alt Chnoche" jetze
d'Nase voll hät un uf em Alteteil unrueche wott!

Wo de Sigi sich emol in de Schwanz hät biiße welle

Er isch kei lokali Berüehmtheit oder ein vo dene Großchopfete gsi, de Sigi Asal, un doch hän en vieli Lit gchennt un gschätzt in siim Heimetstädtli Dodtnau. Er hät vo siim Vadder e chleini Buurerei übernoh, un wil die zum Lebe un zum Unterhalt vo siinre Familie itte glängt hät, isch er halt jeden Dag uf de Boscht am Paketschalter gstande, hät Briefmarke uf d'Päckli gchlebt, d'Paket, wo abgä worde sin, abgwooge, en Zettel drufbäbbt un abgstemplet. Er hät aber als au d'Poscht uustrage oder de zweirädrig Paketwage in de Dodtnauer Strooße ummegschirgt. Mit de Lit hät er sich als gern unterhalte, wenn er it grad wie en wild gwordene Pfurz umenanderschieße hät mieße, wil die ganzi Boscht hät fertig si sotte für de Zug oder für de Friiburger Kursi (de hät früeher amig als au Päckli un Briefboscht für unterwegs mitgnoh!). Un no hät de Sigi jo als au no de Stall z'morge und z'oobe gmacht, Gras gmaiht, g'heuet un g'ehmdet, de Mischt uusgfahre un zettlet, im Wald amig 's Holz gmacht, heimgfahre un gsägt un gspalte. D'Frau un d'Chind hette däzuehi au no ewweng ebbis ha sotte vom Ma un Vadder, wo die Däg un Wuche dure meh wie numme uusglaschtet gsi isch. Kei Wunder, daß de arm Kerli als meh wie froh gsi isch, wenn er eimol in de Wuche am Mittwuch z'oobe in d'Singstund vom Dodtnauer Gsangverein hät chenne go. Er isch übrigens it de Einzig unter allene vo dene gsi, wo bi dere Singerei un erscht recht donoch emol hän abschalte welle, aber selli Abschalterei nooch de Zwölfi meh wie nu eimol vrgesse hän!

Un so isch halt au de Sigi an e'me schöne Dag meh wie numme vrsumpft. Un wil's en heiße Dag gsi isch, hät er mit siim vrschleipfte Durscht in Gottsname e Vierteli meh trunke,- un abgschafft, wie-n-er gsi isch, - hät's en no so gno, daß er noch em letschte Schluck direkt iigschloofe isch am Disch. Er hät däbi itte gmerkt, daß em 's ober Gebiß us em Muul ins Glas iinegkheit isch. Wohl gmerkt hän's aber de Berthold Thoma, wo domols de erschti Vorschtand vo dem Club gsi isch un sunscht no e paar vo dene schlitzöhrige Sängerkollege. Un dämit dem Gebißschtuck jo nit bassiere duet, hän sie's im Kuenz Hermann gä, de wo Zahnarzt gsi isch. De drait's dure in siini Praxis, wo-n-er nebem „Hirsche" gha hät, legt die Zäh (er hät sie im Sigi vor zwei Johr selber abäßt!) in Alkohol un holt us e'me Chaschte en-Obergebiß, wo-n-er als siine Kunde us Demonstrationszwecke vorzeige duet. Un ganz gnau des Muschtergebiß steckt er nochher im ganz unschuldig un friedvoll schloofende Sigi in de rechti Chittelsack. Isch jo sunneklar, daß die Chaibekerli sich do däbi en dicke Ascht aglacht hän! No guet, de Sigi un alli andere zsämme sin in dere Nacht doch no ganz glücklich un ewweng (wein-)selig heimcho, un wil sie alli guete Fraue gha hän, hät's it emol groß Chrach gä bi dere Sach!

Am Morge, - viel, viel z'früih!-, isch denno de Sigi vo siinre Frau so lang grittlet un gschittlet worde, bis au die letsche Promill abghaue sin. Wil's em jetze aber soumäßig bressiere duet, macht er nummen-e Chatzewäsch, fahrt dreimol mit em Wäschlappe übers Gsicht un mit em Strähl durchs Hoor, zieht d'Poschtuniform a un trinkt däbi no schnell e Chachle voll Milch, daß er mindeschtens ebbis im Buuch hät. Unterwegs schobbt er d'Zäh, wo-n-em d'Frau bim Ussegoh no in d'Händ druckt hät - (sie hät sie bim Ufruume vom Chittel im rechte Sack gfunde!) - ins Muul iine. Aber, „Pfui Deifel!", die dien jo gar nimmi richtig basse, un so fangt de Sigi uf siim churze Weg zue de Boscht gottssträflig a z'flueche: „Dunderschieß, die sin jo z'chlei! Bigelds, isch des e Souerei, do han i jo, - Gottstromi au!, die Zäh im Muul vo miire Frau! Vedori au, die dien so drucke, do chan-i it emol meh schlucke, un mit em Schwätze isch's au us! Die nimm-i gradus wieder druus, mach 's Muul e Zitlang nimmi uf, no fallt's am Schalter niemes uf! - Un au mi Aldi hät jetz Rueh, loßt ihri Raffle au mol zue; denn miini Zäh, - des isch kein Schade!-, die basse schlecht in ihri Lade! Denn sell stoht fescht, un's mueß au si: Die hät e chleiner Muul wien-i! Am Mittag mien mr, - do wird's ruusche!-, die Zäh no mitenander duusche un do däbi, des wird sich wiise, chan-i si grad no zsämmeschiiße un so richtig abebutze; no hät die Sach doch au en Nutze!" -
De Sigi isch uf d'Sekunde gnau an siim Schalter gstande un hät de ganz Morge über sii Muul numme im üßerschte Notfall oder bim Ufbäbbe vo de Briefmarke ufgmacht. Am halberzwölfi aber hät de Lehrling vom Hoselade-Asal e Päckli bi-n-em abgä, wo an ihn selber adressiert gsi isch. Nochdem er zerscht no überlegt gha hät, ob er do däfür au Porto vrlange sott oder mueß, hät de Sigi selber e Mark in d'Kasse glegt un erscht denno des Päckli ufgmacht. Do aber hät er's Muul doch fascht nimmi zuekriegt, wo-n-em us dem Babier, wo des Ding dri-iinegwicklet gsi isch, sii eige Gebiß astrahle duet wie en frischbolierte Butzeimer! Un nebedra isch en Zettel glege (de hät miseel de liedrig Otto Meyer druckt!), wo druf gstande isch: „Sehr geehrter Herr Asal! Sie haben gestern abend eine so große Laffette gehabt, daß wir zu unserm größten Bedauern gezwungen waren, eines Ihrer Sprechwerkzeuge zu requirieren. Damit Sie aber auch weiterhin mit Ihrer werten Gattin diskurieren können, lassen wir Ihnen, sehr geehrter Asal, das kostbare Mundwerkzeug anbei sorgfältigst desinfiziert und gründlichst gereinigt zu unserer Entlastung wieder zugehen. Um umgehende Rückgabe des Ihnen kostenlos überlassenen Probeexemplares wird freundlichst gebeten. In der wohl auch von Ihnen anerkennenswerten Hoffnung, Sie bestens und zu Ihrer eigenen vollsten Zufriedenheit bedient zu haben, verbleiben wir mit der höflichen Bitte um freundliche Weiterempfehlung unseres Mundwerkzeugdienstes

mit allerherzlichsten Grüßen
Ihre
MUNDWERKZEUG-GMBH TODTNAU 1846 E.V.
Geschäftsführung
I.A. Berthold Thoma

Wo de Asal Sigi des glese gha hät, het er sich am liebschte in de Schwanz bisse vor ludder Wuet. Wil er aber 's Gebiß zerscht emol gar it uuspacke cha, wil en Kunde vor-em stoht un wil mr do däzue alli Zäh bruuche duet, loßt er's bliibe. Un au mit em Zsämmeschiiße wird's jetz nit meh werde. No jo, wer weiß, für was des alles guet si wird! Uf jede Fall hät de Sigi d'Raffle ghalte, wo-n-er heimcho isch zue siire Herzallerliebschte, un die weiß bis hit no nit vo dere „Maulwerkzeugsache"!

Wie de „Woll-woll-Adölfli" sich emool selber vesegglet hät

Wenn mr en als bsunders ärgere hät welle, de Mutter Adolf, wo-n-er als Bueb no im Hinterdorf gwohnt hät, no hät mr en amig numme fepple mieße mit dem Sprichli, wo alli Biebli un Maidli in de Drißgerjohr bim Spiel uf de Strooße vo Dodtnau als ufgsait hän, wenn mr Fangis oder Vesteckis mitenander gmacht hät: „Adolf isch in Garte gange. Wieviel Vegel hät er gfange? S Schnierli zooge, s Fälleli glupft, dä un dä isch ussegschlupft: Eins, zwei, drei un du bisch frei!"
Mr hät aber des Sprichli nie ganz ufsage chönne, no hät mr scho d Füeß lupfe un abhaue mieße; denn de Mutter Adolf hät it numme en hochrote Chopf übercho, sondern dä isch aim gli an de Chrage gfahre, wenn er aim vedwitscht hät. Er hät nooch de Schuel e Mechanikerlehr gmacht un isch später nooch siire Zit bim „Reichsarbeitsdienst" als Soldat uf Norwege un nooch Rußland cho. In Stalingrad isch er au gsi, un dert hät er sogar in 're Russewohnig e Boschtcharte vom Reinhard Brenzinger („Mich kann die Welt von hinten und von vorn, - ich bin der Hirt vom Herzogenhorn!") in e-re Holzchischte gfunde. Er hät iiberhaupt viel velebt, de Adolf, wenn mer en ghört hät; aber alles hät mr-em it immer glaube därfe, wenn er au viel gwißt hät! Später isch er vieli Johr lang so e Art „Mädchen für alles" uf em Feldberger Fernsehtum gsi, wo au siin Brueder Albert langi Zit gschafft gha hät. Wil er siini Frau us em Weschtfälische doheregschleipft hät un wil er sider dem wie selli Vewandtschaft immer „woll, woll!" gsait hät, wenn er mit ebbis iiveschtande gsi isch, hän em siini dickschte Freund menggmol numme de „Woll-woll-Adölfli" gsait.

Emool, - s isch in de Siebzgerjohr gsi! -, isch er bi siim Heimweg vom Feldberg obe-n-abe am Fiirobe wie gwöhnlich im „Hirsche" iigchehrt, um in Friede siini zwei bis drei Bierli z trinke un am Runde Disch mit e baar Stammdischbrüeder über des un sell z dischkuriere. Mr hät vom Chrieg gschwätzt, vo früehere Zitte, was mr als so amig aagstellt hät als Schüelerbueb, über de Burgermeischter un sunscht so e baar vo dene bessere Chäs-Chöpf gschulte un zwischeduure au emool en saftige Witz gmacht un sunscht halt no Sache vezellt, so daß es niemrem langwiilig worde-n-isch. Kei Wunder, daß es am End e baar Bierli meh worde sin für de aind oder ander, un so isch s halt au im Adolf wieder emool meh bassiert, daß er s Heimgoh vebaßt hät. Un wil de Dag streng gsi isch für en un wil er vor ludder Ummehetzerei au kei rechti Zit meh zum richtige Esse gha hät, hät s en halt uf eimool überchoo, un er isch an ebe dem Runde Disch ganz eifach un ungfroogt iigschloofe un hät ein aabepfuuset. Wo s denno de Zwölfi zuegange-n-isch, hät en de Wirt, - s isch domools de Bosch Franz gsi-, so lang ummegschittlt un umme-grittlet, bis im Adolf fascht s ganzi Bier wieder uffechoo isch. Aber wach isch er worde, pfluuderet hät er un heimfahre hät er welle mit siim Ford-Capri, wo-n-er domools gha hät. „Nit isch!" hät de Bosch Franz aber zue-n-em gsait (d Autoschlissel hät er im Adolf vorsichtshalber scho vorher us em Hosesack ussegchniiblet gha!), „des wär jo no schöner, wenn du mit diim Dolge im Gsicht anderi veschrecke dätsch! Un de Buckel uf die Ober Sunnhalde schaffsch du scho...".- „I nimm en mit!" sait do de „Herr Rektor", wo au in sellere Gegend wohne duet un noch e-re anstrengende Lehrerkonferenz wegem „Abschalte" au no e gueti Stund in dere Stammdischrundi zuebrocht hät. „Nie im Lebe!" schreit doch do de Adolf wie e gstocheni Sou do usse. Aber bevor er richtig gwißt hät, was do vor sich goht, isch er scho hinte im AUDI vom „Herr Rektor" ghockt reschpektive glege un vo dem im Sous (s hät dertmools no kei 30km-Zone gää!) durch die stockdunkli Nacht de „Hypothekebuckel" uffe kutschiert worde.

De „Barmherzig Samariter" hät en no us siim Chaare ussebugsiert un gsait: „So, Adolf, jetz nimmsch diini Bai unter d Händ un gohsch liisli zue diinre Erna. Un wenn de so richtig diisele duesch, no merkt sie s it emool, daß de scho däheim bisch!" - „Nie im Lebe! -ää- woll-woll!" stöhnt do de Spootheimchehrer schiinbar gottergebe un luegt dem wegbrousende „Krawatteheini" no churz nooch.

Un denno schlurbt de „Woll-woll-Adölfli" doch miseel zue siinre Garasch, chroomt dert churz in-e-eme Regal umme un hät uf eimool e Daschelampe in de linke Hand. Er knipst sie aa, dappt wieder uf d Strooß zruck un fuchtlet mit dere Lampe wie wild zerscht emool in de Luft umme, bevor s us-em ussepfluuderet:

„Du bleede Chaib mit diim Salbader
un Beamtevorderlader,
i loß mi doch it so vedackle!
Jetz duen i grad z leid abewackle
durch d „Hoh" un d Schiißgass abe grad,
no hän ihr Gschiide de Salat!
I loß mi doch it so vechohle!
Jetz duen i grad miin Däffdäff hole;
sunscht mießt i morn jo aabezoddle
un am Dag durchs Städtli droddle!
„Nie im Lebe!" sag i numme,
de Adolf loßt sich it vedumme!
Un s Schönschti isch vo dere Sach,
- woll, woll, i heb miin Buuch un lach! -,
de „Herr Rektor" mit siim noble Chaare
hät mi umsunscht do uffe gfahre!
I hätt em, - un s isch it vebodde! -,
miseel in Chaare iinechotze sodde,
no hätt de fein Krawattema
vo dere Fahrt au ebbis gha!"

So hät de Adölfli, wo immer wacher worde-n-isch bi dere Aabechraxlerei
durch de meh wie raabedunkli Dannewald no so menggs guetes un böses Wort
vor sich here-bruddlet, bis er wieder am „Hirsche" glandet isch. Aber dert isch
es stockdunkel gsi, un wenn de Franz siin Lade emool zuegha hät, no isch er
zue gsi! Do hät au alles Schelle, Boldere un Riddle an de Diire un an de
Fenschtere nit meh gnutzt, grad so wenig wie-n-e Ummebrielerei. Do hett
scho de Burgermeischter mit e-re Sperrstundverlängerig un siim Gmeiroot do-
herdappe mieße, un no wär s no it emool sicher gsi! Un wil des de Adolf us ei-
gener Erfahrig scho gwißt un wil er au keini Autoschlissel gha hät, isch dem
arme Kerli nit anders iibrigbliibe, wie siin Capri stoh z lo un wieder de Weg in
Gottsname zruckzwackle. Daß er glii druf am Morge nomool z Fueß aabelaufe
mueß ans Auto un sich bi dere Sach selber zweimool vesegglet hät, des hät en
däbii am meischte gärgeret. Do dävo hät er aber nimmi viel gmerkt, wo de
Adolf um de halberzwei umme vor Miedigkeit kommentarlos nebe siinre Erna
den „Schlaf der Gerechten" uf sich gno hät! So isch es gsi, gnau so, - woll,
woll!

Werner Richter

Am 10. Febr. 1929 bini als 4. Chind
vom e Waldbrüeder uf d Wält cho.
D Naturverbundeheit isch mr scho in
d Wiegle gleit worde.
Scho in de Schuelzit hani ammel de
Schätzli e Gedichtli gschribe, aber mit
em richtige dichte hets erst aagfange,
wo mi de Bürgermeister emol gfrogt het,
ob i nit wett im Gmeindsblättli jedesmol
e Versli bringe! I has gmacht und so
sin nach und nach 10 Büechli entstande.
E Beruef hani drei, i bi Schuehmacher-
meister. De Turnverein mit Theatergruppe,
e Stückli Rebe, Schnaps brenne und e
Herd glücklichi Hüehner uf de grüne
Weid, das isch hütt no mii schönste
Zitvertriib!

Werner Richter

Worum ich so gern schriibe due,
das het e bsundre Grund,
i find debii e heili Rueh
und mänki, netti Stund.

I bi vom Schicksal liicht verwöhnt
gits au moll Liid und Weh,
doch s Lache, wo e Welt verschönt
möcht ich Euch witergee!

Neu Johr!

Gohts uffe, gohts aabe?
Wie ring dräiht sich d Naabe
vom Rädli am Wage ins Neu?

s wird regne, s wird schneie,
s wird mänks abverheie,
s git Truube, s git Weize und Spreu!

So chumm denn uf s Neui,
kei Stündli bereui
vom Alte — und s Neui soll choo!

s wird ruuch sii und heiter
und immer wird leider
e Stückli vom Lebe mitgoh!

Oh du fröhliche, oh du selige — !

Mii Vater isch Waldhüeter gsi und biim Durchforste hets halt ammel au abgängigi Tannebäumli gee. Die het er mitheimbroocht und an armi Familie verschenkt. Am „Heilige Obe" im Nomittag isch emol e guete Fründ vom Vater bi nis verbei choo und het us Verzwiiflig gfrogt: Arthur! Hesch du mir no e Wiehnachtsbäumli? Mr hänn grad no eins gha wo niemerts het welle, aber däm Fründ hets gfalle, — doo bohr i e paar Löcher ins Stämmli und steck e paar Ästli drii, het Er strahlend gsait! Und mii Vater het fast unnötigerwiis gfrogt: Max! Trinksch e Schlückli? Was für e Froog !!! Si sin mitnander uf d Chunst ghockt, hänn ei Chrüüsli trunke, hänn s zweiti trunke, — für uns Chinder het Bscherig aagfange, d Cherze hänn brennt am Wiehnachtsbaum, bescheideni Päckli häm mr ufgmacht und trotzdäm e großi Freud gha. Wiehnachtslieder häm mr gsunge und de Max uf de Chunst näbenem Vater het mit glänzige Auge und rote Bäckli us vollem Hals mitgsunge. De Vater het s dritti Chrüüsli gholt, het s vierti Chrüüsli gholt und de Max isch all fröhlicher worde, het bi jedem Lied noh luter gsunge — und wos z letzt scho stockdunkel gsi isch, het Er sich mit gaaglige Bei und siim abverheite Wiehnachtsbäumli uf de Heimweg gmacht.

Ob deheim allerdings au no e fröhlichi und seligi Wiehnachtsstimmig ufchoo isch, das blibt e Geheimnis! Verzellt het Er nie öbbis vo siim Empfang! — Sii Bscherig wird Er wohl kriegt ha, — für uns Chinder isch es aber eine vo de schönste „Heilige Obe" gsi!

Katholisch und — !

E Grüppli Chinder isch uf em Weg in d Schuel ihrer Lehrerin begegnet. Zue gliicher Zit het sich au uf em ähnere Trottwar e Grüppli ABC Schütze iigfunde.

Frau Gruber! Het noh ne me Rüngli e herzig, nüünjährig Maidli zue de Lehrerin gsait, die dört ähne, die sin alli katholisch und mir, mir sin alli alemannisch!

E ufgweckte Bueb!

I bi in e dritti Grundschuel-Klass iiglade worde, zuem de Chinder eweng öbbis us miinere Schuelzit z verzelle. Si hänn ufpasst und d Ohre gspitzt, aber am interessantste isch es mindstens für d Buebe worde, woni gsait ha, daß alli Chriegsjohr in mii Schuelzit gfalle sin und daß ich ganz zuem Schluß no selber ha müeße zue de Soldate.

Herr Richter! Het e Bueb gfrogt: „Gabs da scho Düsejäger?" Jä, hani gsait, aber mit dene häm mir nütt z tue gha, mir hänns mehr mit de amerikanische Jagdbomber gha, die sin ganz tief über de Wald choo und wenn si eim gseh hänn, no hänn si sofort gschosse, do hets numme eins gee, hilige — und s Gsicht in Dreck!

No het dä Bueb wider de Finger gstreckt, het mii ganz verwunderet aagluegt und gsait: „Jä Herr Richter! Warum hat der dich nit getroffe?"

Druff aabe häm mr e Rüngli glacht, d Lehrerin und ich, no hani numme no gsait: Es isch mr eigentlich lieber esoo!

Inge Tenz

Augeblick bewußt erlebe —
Träum wohr werde lo —
wie schön da s Lebe sii!

Ich versuech, mini Gfüehl
in Wort z fasse, s Chind
in mir zuem Stuune
z bringe, z verdichte, was
mi umtriibt.

Inge Tenz

Lumpesammler

in de Kaufhüüser
renne si ummenand

mit Plastikgucke
voll Hember
Hose
Bluse
Röck

die moderne Lumpesammler

Informationszitalter

all meh erfahrsch
über anderi
dur d Zitig, s Radio, dr Fernseher

all weniger erfahrsch
über di

aussen

                              un inne

diese grellen Konsumträume
aus den Kommerz-Traumfabriken

                            Chälti druckt ans Fenster
                                   dinn ischs warm

glotzen mich an
schallen mich an
flimmern mich an

                            Glüehwii dampft im Glas
                                   e Cherze brennt
                      un i gspür in mir Geborgeheit

rütteln an meiner Wunschmaschine
ich möchte haben
ich will haben

                                   Wärmi
                                   Liebi
                                   Liecht

manipulierbar bin ich

                                   un i weiss
                              dr Augeblick isch d Ewigkeit

Muettersproch

ich bi wie du

wo Füür speut un Wasser sprützt
wo schmutzt un schmust
wo pfift un pfust
un pfitzt un pfnust
pflätscht, pfluderet un pflätteret
gigst, gigelet un tschätteret

mii Muettersproch

Wahnsinn

e einzig Mol
dur d Matte renne
brennesslehoch

un mi verbrenne

eimol vom Kirchturm abegumpe
dr Fallwind in mi iinepumpe

dr Wahnsinn bi de Hörner packe
ass jede siht „die het e Macke"

ei einzig Mol

Larve

us chleine, starre Augelöcher
luegsch gradus

brüelsch
gumpsch
füehlsch di stark
in diim Versteck

verschwitzte Narr
leg d Larve ab

s isch Aschermittwuch

Kunst

erfüllti Gegewart

e Fest

wer so sii Kunst verstoht
isch Meister

Summer

allei
am Meer
im Sand

un Auge
trinke Wulkefelder
un Ohre träume Welleschlag
un Möwegschrei

un mii Hand
streut Sand

buuchnabelvoll

Geld verdiene

Geld verdiene
schaffe go
d Oma het
des Buschi gno

Geld verdiene
schaffe go
s Pflegeheim
het d Oma gno

Aus: *Purzelbäum un wilde Träum*. Lahr: Verlag Moritz Schauenburg, 1996.

Markus Manfred Jung

gege s Schwiige un de
Sprach erfind i s WORT,
Freiheit, wo sich erfindet
un mich erfindet,
Tag für Tag

                    Octavio Paz

un worum nit
in de Sprooch
vom Vatter, de Muetter
in de Sprooch
wo d Grenzen an d Grenze
chunnt
in de Sprooch
wo sich selber no nit
chennt

Totentanz

Basel - Klagelied

Totentanz 2
I. P. Hebel.
Hier Geboren
X Mai MDCCLX.

schlank
schmalbrüstig
unscheinbar

Und üser Huus,
es sitzt jo wie ne Chilchli uffem Berg,
un d' Fenster glitzeren, es isch e Staat

das Haus
in der Santehans, das 2te Haus vor dem
Schwiebbogen
Totentanz 2
aufragend aus dem Rhein

Im Keller
ein kleines Zimmer
einziger Raum
Stube Küche Schlafstatt

für d Muetter
de Vatter
de Hans-Peter
und e Summernacht lang
für s Susanneli

Blick zum Rhein

's chunnt alles jung und neu, und alles schliicht
sim Alter zue, und alles nimmt en End,
und nüt stoht still. Hörsch nit, wie 's Wasser ruuscht

Totentanz
Holbeins Vision an der Kirchhofsmauer
ehne dra
Der Tod von Basel

tanzt
un riißt de Vatter mit

do isch es einehalb
s Hans-Peterli
Santehans
un tanzt un tanzt
hört nümmen uf
nimmt s Schwöschterli
e paar Tag druf
Totentanz 2

**so schuderig, wie der Tod
im Basler Totetanz**

Ätti!

Der Tod
er tanzt
er holt die Mutter heim

**Es gruset eim,
wie länger as me 's bschaut**

Drizehni isch er doo

**Doch uns ist gegeben
 Auf keiner Stätte zu ruhn,
  Es schwinden, es fallen
   Die leidenden Menschen
   Blindlings von einer
    Stunde zur andern,
     Wie Wasser von Klippe
      Zu Klippe geworfen,
       Jahrlang ins Ungewisse hinab.**

Gworfen in s Läbe
Haus
Freund

Weh!
Unser guter Hebel ist tot.
Traum.

Sel Plätzli hät e gheimi Tür,
und 's sin no Sachen ehne dra.

Zitate: Schild an Hebels Geburtshaus; biographische Notizen und Gedichte von Hebel: „Die Vergänglichkeit", „Der Wegweiser"; Hölderlin „Hyperion"; Bernhard Batschelet, Musikstück „Weh! Unser guter Hebel ist tot."

ganzi welt

d chatz spilt
mit de chatz
im spiegel
pfoten an pfote
pfötle
duusma
schnauzen an schnauze
chüehle huuch
e gähnen in s gähne
ufmerksam

si drüllt sich
im spiegel
un goht
verdopplet rueihg
es bliibt
e feuchte stups
uf em glas

un d vorschtellig
Imagination
i chönnt mi säh
eso
mensch
Ebenbild Gottes
spile
ohni aß de spiegel
verschpringt

versfüeß

uf vogelfüeß
goht s wort
dur e sand

verlöscht

im endlose gschwätz
vo de welle

ufghobe

im freie flug

Uli Führe

Ich bi e Doûsend fiäßler
ünd stamm üssem vordere Wieredal.
Vo wo genaû cha niemerts sage, so
oft sin mir umzoge.
Aber im Paß stoht : 22. 3. 57 Lörrach .

~~~ - - ·

Und hüt ?   Ich leb mit minere
Familie in Kirchzarte . Schön isch's .
Als Thürler, Kleinkünschtler, SWF-Litor
" Hubertus Moshopf", Großkünschtler,
Kurs leiter, Komponist ünd Entdecker
vo Sache, won i wo nüt chenn.

E Grueß

Ich ha zuem Mond e Grueß uffebloose
er het Fahrt griegt
und isch überem Skorpion am Südhimmel
hinter de Alpe
in dini Ärm abegsunke.

Wieg ihn
wie n e chleinis Chind.
Striichle ihn
si Huut stammt vo mir.
Loos in ihn drii
ich schwiig für dii
und wart
bis er mit dir wider ufgoht.

Im Buuch gliähts

Im Buuch gliähts,
de Dampfchessel vom Gfiähl
stoht unter Druck.
Numme du chasch es löse
numme du darfsch an de Chessel.

S'lüpft mer d'Hirnschale
d'Auge gumpe
und d'Ohre rusche.
Wärsch du endlich do
no chönnt i schnuufe
in di dri schnuufe
dur di dure schnuufe
bis in de Chärn
wo alli Wälte sich träffe.
Mini und dini.

Ehrig

Uftakt! D'Blosmusik wuchtet mir Fortissimo-Balke ins Ohr.

Der chleine Tubaspieler mit hohem Bluetdruckgsicht wölbt im Takt und mittem Gsicht vome Frosch sini Backe uf, während die zweiti Trompete nur jede dritte Ton trifft.

Festrede: Der Redner het die größti Freud an sich selber. Er lobt aber e andere. Der Landrot und die Vorsitzende hocke wie Baumstämm in der erste Reihe, mehr Hintere wie Hirni. S'Gsicht nach vorne und zuem Zittigsma, d' Gedanke im Vierteliglas.

E Theaterstuck zwängt sich zwüsche zwei Hebelgedicht und wird breit wie d'Wolga vor der Mündig. Nüt fließt, alles stoht, abgstandenes Wasser.

E Vreneli loßt der Strauß gheie. Villicht wird s'Programm doch no interessant. Die Frau vom Geehrte het noch zwei Stund ei Schueh uszoge und lächlet bis zuem bittere End. So öbbis nennt me Haltung.

Zwei Akkordeon-Spielerinne schiele dur d'Note, vo Musik kei Spur. Sie bediene clubpflichtig Taste und es lärmt umtata. Bim Ufstoh isch einere de z'churze Rock e bizzeli uffegrutscht. Sie schielt hinter de Hoor vüre, genauso wie ihri Schwester, wo nebere gsässe isch. Au ihr Röckli z'churz, es blitzt Wißes vüre. Der Landrot entdeckt endlich das wiße Stöffli und lächlet professionell de Vorsitzende a. Also doch no ne Höhepünktli im Verborgene.

Jetzt singe sie uf der Bühni. E Baß chunnt fascht nit mit bim Notelese. Er blätteret immer z'spot. Vor ihm zwinggeret e Altistin mit rote Lippe und stämmige Chrampfoderebei ihrem Ma oder suscht öbberem in de hintere Reihe zue. Sie wird aber offesichtlich nit gseh, sie hört nämlich nümmi uf.

Der Dirigent schlat als ufzogenes Porzellanäffli sini Ärmli uf und ab, und die blaue Wade stecke wie zwei Plastikröhre us der Kanalisation in sine Chnübundhose. Plötzlich schliicht sich vo hinte e Stimm an mi dra: 'Gell die spiele doch sufer! Wenn me denkt für so ne chleine Ort!' Ich nick und liäg.

Dann, ganz am Schluß chunnt erst d'Ehrig. Aber ich weiß nümmi wer und worum das gsi isch.

Won ich dann endlich us dere Mehrzweckhalle mit Schweißgschmäckli vom Sportclub wieder usechumm, schüttle ich mi wie ne nasse Hund in der Dunkelheit. Ich lueg an de Himmel un grad in dem Moment fliegt e Sternschnuppe am Polarstern vorbei. Jetzt han ich numme no ei Wunsch, aber de darf i nit verrote.

Numme soviel: Es het öbbis mit Ehrige z'due.

Däheim uffem Weg

Lied

1. Dört ähne lige d'Hügel
i leg mi in si drii
mini Händ in de Hürscht
und mi Nase in de Bluescht
des chunnt mir doch vertraut vor
do neume mueß es sii.

I bi däheim uff minem Weg -
Die Spure in mim Rucke
die han i längst verlore
e Fetze Sproch
hängt mir no noch
e Klang in mine Ohre
e Echo us Erinnerig
bringt im Buuch e Schwinge
e wengli klingt für e Moment
dävo in minem Singe

2. Mi Name han i iigritzt
i bi grad sibe gsi.
Und de Mörtel isch Staub
d'Muur vom Räge ganz taub
si isch scho lang verkeit
si isch kaputt un hi.

I bi däheim uff minem Weg...

3. E Winkel uff der Bühni
nur ganz ällei für mi
Und mänggmol no hüt
wenn sichs grad ergit
leg i mi nostalgisch
in alti Winkel dri.

I bi däheim uff minem Weg...

Hubertus Moskopf und der Böög

Die alti Frau Jakob isch gestern ganz ufgregt vom Gmiässtand zue mer cho und het zischt: „Do, l-g- si e B—g?" Ich ha sie nit rächt verstande und ha denkt, daß ihr Gebiß villicht chlemmt. „Was meine sie denn Frau Jakob?" Dann isch sie lutter worde: „Do, luege sie, e Böög!" „Um Gottes Wille, ä Böög am Paprika!" han i gsait, „jä wo chunnt dä denn her?"

D'Frau Jakob het mir ins Ohr gflüsteret: „Ich ha's genau beobachtet! Der Herr Professor Herman, der het zerscht in de Nase bohrt, dann an de Paprika um-medruggt, und dann het er de Paprika wieder zruckglegt. Sehn sie, do isch e Böög."

D'Frau Radke het leider de letschti Satz grad mitbecho und gli gfrogt: „Ja saget se, was isch e Böög?"

„Oh, Frau Radke, wie soll ich ihne des sage. Warte si, ich erklärs ihne so: Wenn in der Nase de Schliim ustrocknet, dann entstoht e Böög."

„Ah, igitigit! Sie moinet e Butzemäggele!"

Als ob es no nit gnueg peinlich gsi wär, het d'Frau Hessle vo de Käsetheke gruefe: „Butzemegele! Ist das eine neue Röstiart?"

„Aber noi", het d'Frau Radke gsait, „des isch, wie sagt me in Hochdeutsch, ein - Popel!"

„Schrecklich! Ja wo is denn der Böög? Machen sie das weg, Herr Moskopf!" het d'Frau Hessle jetzt gforderet.

Mir isch des alles so peinlich gsi, daß ich de ganze Paprikachratte gschnappt ha, und hanen gli hinters Huus brocht.

Die Dame hän alle gschlosse Gmiäs in Dose gchauft, und wo si dus gsi sin, han ich de Paprikachratte wider inägholt. Ich ha niäne e Böög gseh. Dodefür weiß ich aber nur zue guet, daß die alti Frau Jakob de Herr Professor Herman no niä möge hät. Aber sell isch wider e andri Gschicht!

Magnus Kaiser

Sprache lebt.

Vor allem die regionalen
Sprachen, die von Normierungs-
gremien verschont geblieben
sind, bieten den Raum,
den Leben braucht.

Daher schreibe ich in meine
regionalen Sprache.

Auch wenn ich allzu oft
denke: Do isch eifach jedes
Wort z'viel...

Schublade

Zuem Glück
hemmer für „Mensch"
no so viel anderi Wörter:

Chind,
Frau,
Rentner,
Usländer.

- suscht mießte mer uns jo
mit alle
ernschthaft usenandersetze.

Verkehrte Welt

Friener
het mer öbbis gulte,
wemmer hundert Säu
im Stall gha het
un e Rössli
voruß.

Hüt
gilt mer öbbis,
wemmer hundert Rössli
im Stall het
un d' Sau
useloßt.

Laudatio

wemmer eine
in Himmel ufe hebt,
chunnt eim z'guet,
daß mer d'Ärm
nit länger mache cha.

Demokratie

Si henn mi gfrogt,
ob i will.

Wer weiß -
viellicht hätt i sogar
nei
sage dürfe.

Pflegeanleitung

Im Züügnis stoht,
mit wellere Temperatur
s'Hirni gwäsche werde mueß,

daß es au
suuber wird.

Kinderaugen

Langspielplattegroß
un ohni Angscht,
luege mi
die beide n Auge a.

Sie wüsse no nit,
daß es uf die
wirkliche Frooge
kei Antwort git.

Diini Auge

Auge wie ne Reh

- so ne Saich
cha ne Reh so luege?
sammetweich
un uferlos.

D'Farb
- was sait scho d'Farb.
Im Innerschte
sin alli Auge schwarz,
ohni Grund
- vor allem diini:
zuem Iinekaie
un sich verliere.

Diini Auge
mache mi eifach fertig.

Johannes Kaiser

Zwischen den alltäglichen
Zeilen (Schule, Familie,
die Kinder) eigenen Gedanken
nachhängen.
Manchmal wird etwas daraus:
Eigenartiges, oft Mundartiges,
nicht immer Artiges.
Manchmal gelingt es, den
roten Faden zu halten, zu
bündeln, zu verdichten.
Es freut mich, wenn ihn
andere in die Hand nehmen
und zwischen den Zeilen
lesen.

Johannes Kaiser

De Nachtgrabb

Schwarzi Vögel stöhn im Feld,
Groß, mit chrumme Näcke,
Luege luurig Angscht in d'Welt,
Lön de Some stecke.

Schwarzi Vögel schwärme uf
Dur de Obenebel,
Recke zue me fahle Schnuuf
Spitzig ihri Schnäbel.

Blindi Fenschter in de Nacht -
Sihsch nit, was devor isch.
Spürsch im Flügelschlag si Macht -
Weisch nit, was no wohr isch.

Schwarzi Vögel quake wiit
In mi frieihe Schlummer.
'S Friere, wo dno bi mer liit,
Macht miim Dräume Chummer.

'S isch zum Briele

'S isch alli Johr e Wiehnachtsfiir
biim Sportverein Null-Acht.
Me hockt bi Punsch un Gschenkbabiir
un luegt, ob ein öbbs macht.
De Präsident verteilt Pokal,
de Kurt verteilt e Witz,
no chunnt de Niklaus in de Saal,
's haut keine recht vom Sitz.

Im Gegedeil. De Punsch macht schwer,
me rutscht weng uf zum Kurt.
Wer so ne Dampis het wie er,
de goht as letschte furt.
Jetzt singt er luschtig „Stille Nacht",
gli druf no 's Badnerlied.
'S isch endlich „Stimmung" bi Null-Acht,
wo eim fascht 's Hemm uszieht.

'S isch zum Briele, wenn's nit zum Briele wär ...
'S isch zum Briele, des legt der d'Chuttle quer ...
Kei Aug hesch droche bliibe seh.
Gsundheit! Do wodsch grad eine neh.

Wiehnachte isch Familieziit -
de Kurt hockt bi de Frau.
Noch zwölf Bier Fernseh isch's sowiit,
de Kurt isch veieliblau.
Wo d'Dochter chunnt mit ihrem Chind,
do macht er blödi Sprüch.
Z'letscht längt sich 's Chind sogar an Grind:
„De Opa het e Stich!"

Silveschter sin si zue nem düst,
d'Kollegschaft pur vom Kurt.
'S sin alli cho. Me het jo gwüßt:
Im Cheller het er d'Hurt!

Si hän em d'Schoppe-Fläschli gleert,
de Kurt isch lang scho g'aicht:
Am Zwölfi het er ummegröhrt -
des Johr wär au versaicht!

'S isch zum Briele, wenn's nit zum Briele wär ...
'S isch zum Briele, des legt der d'Chuttle quer ...
Bisch denn vom Lache richtig chrumm,
Proscht denn! No haut's di eifach um.

Ins Gschäft chunnt er noch Neujohr z'spot,
wird zum Direktor gholt.
Die Fahne, wo do mit em goht,
die isch nit schwarz-rot-gold.
Un won er wider usechunnt,
sin alli scho ganz gspannt.
„Lüüt", sait er droche, „jetz goht's rund,
i ha ne heide Brand."

No git er 's letscht Mol eine us,
de Flachmaa goht uf d'Reis.
De Abschidsschluck git ghörig Pfuus,
de Kurt isch ab em Gleis.
Ins Auto stiigt er, aß es dätscht
un wie ne Ente schwankt.
Un wer em noochluegt, weiß es z'letscht:
De het kei Bleifrei tankt.

'S isch zum Briele, wenn's nit zum Briele wär ...
'S isch zum Briele, des legt der d'Chuttle quer ...
Heb di! Do bruuchsch e Medizin.
Cin-cin! E Schluck un si isch dinn.

Siit dört isch nümm viil mit em los,
me griegt en chuum no z'seh,
am Kiosk in de Bahnhofstrooß,
un suscht fascht niene meh.
Erscht an de Fasnet in de Bar
biim Sportverein Null-Acht:

Dört hockt er - bsoffe, isch doch klar,
doch d'Witz sin jetz verchracht.

Am Äschermittwuch finde s'en
im Grabe, 's het eim glüpft.
D'Rot-Chrüzler, won en furtbrocht hän,
die hän en zimli gschüpft.
Me sait, er geb ball d'Löffel ab,
er hängt am letschte Tropf.
'S isch schad: Jetz macht de Kerli schlapp
mit soviil „Geischt" im Chopf.

'S isch zum Briele, wenn's nit zum Briele wär ...
'S isch zum Briele, des legt der d'Chuttle quer ...
Stoßet no eimol uf en a!
Ex-hopp! Wer nit will, de het gha.

Basel Bad Bf

De bisch dur gäli Zoll-Kanäl
wie Orpheus ufecho
un pfiifsch im Schine-Iifert stumm di Lied.
Un d'Stadt het keini Wartesäl,
's mueß alles ummegoh
wie selle Zeiger, wo's im Ring um zieht.
    Stur chunnt
    's Uhrerund
    über des Land mit Minute un Stund.
    Zeiger dien geißle, Räder dien richte,
    nemme di furt mitsamt dine Gschichte.
Uf d'Bahnsteig-Bühni use stohsch,
d'Stadt zeigt die chalte Muure,
e dotes Duubenaug schilt vom Parkett.
Doch zellt isch jede Schritt, wo gohsch,
un d'Menschenauge luure,
wer echt am End de beschte Abgang het.
    Stur schlat
    's Uhrerad
    Ziit in d'Odere vo de Stadt.
    'S Iise biegt sich uf boltrige Bahne
    bis an die Inslen us Beton ane.
Rueihg hängt am Strom jetz 's Iisegfährt
un liit, e gspannti Schlange,
parat für dini Reis ins fremde Ziil.
De Fuhrmaa het si Chelle gchehrt,
de bisch im Fahre gfange,
un vo de herte Schwelle merksch nit viil.
    Stur git
    d'Uhreziit
    's Zeiche zum Furtgoh
    un triibt di demit,
    's Iise jagt heiß
    über pfiilgradi Schine
    gege de Istei
    ins Chlotzeloch
    iine.

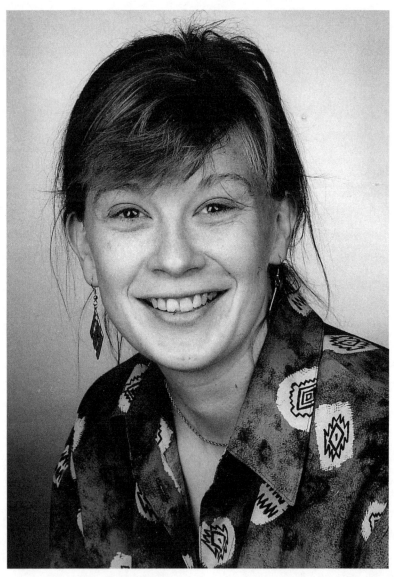

Bettina Obrecht

Nei, ich bi kei "Mundartdichterin",
des kunnt nur mänggmol vor,
daß i alemannisch schrib. Dann
nütz i's us, daß mer mitm
Dialekt de Lütt (wenigschtens dene,
wo's vaschtöhn) e weng nöcher
kunnt, villicht au mol nöcher, als
ene rächt isch... Des wär villicht
au ä witteri Uffgab für d'Mundart-
dichtung, nachdäm 's hütt mit de
Blüemeli un Bächli nimmi so witt
her isch.

Wenn i nit grad in Wiil bi, schwätz i
nimmi alemannisch, nur no mit
Buschis un mit Viecher. Mit dene
hochdütsch schwätze, des kunnt mer
immer no affig vor!

D'Kischte

Di letschte baar Wuche isch er numme no im Käller ghockt, in sinre kleine Werkstatt, dört het er e Sägi gha un e Hobel un so Züüg, un do unte het er de ganz Dag g'schafft, vo morgens bis obends, un debi het er niemerem vorrote, was er macht. D' Leni het's natürlich fascht vorrisse vor Wunderfitz, de ganz Tag het si's do unte suure g'hört un klopfe, un wenn se'n zum Esse gruefe het, het er's meischtens nit g'hört, no het si mit ihre miede Bei d'Stäge abehülpe mieße un an si Dür boltere un briele: „Kumm, s'Esse wird kalt!". Un deno isch er erscht ufftaucht wie'ne Gschbänscht, ganz wiiß vom Sägmähl, un het so g'gluegt, als hätt er si no nie g'seh, als det er si nit kenne, s'isch ere mänggmol ganz angscht worde, het d'Leni vozellt. Un deno het se'n als emol gfrogt, was machsch au di ganzi Zitt, was bausch do inne, aber er het nie nüt g'sait, het sich numme an Disch aneg'hockt un ä baar Muulvoll gässe, ä schlächte Ässer isch er immer gsi, aber bsunders di letzschti Zitt. D'Leni het immer nur d'Brätter g'seh wo'n er iinegschleipft het; am Afang, het si g'sait, sin's richtig großi Brätter gsi, aber mit de Zitt dann immer kleineri.

Dann isch er irgendwenn scho vor em Mittagesse widder d'Stäge uffko, un d'Leni het sich no gwundert un het zü'nem g'sait, Jeh, machsch hüt scho so frieh Schluß. Jo, jetz bin i fertig, het er g'sait, un no het er sich im Wohnzimmer uff d'Couch g'legt, un wo's en het welle zum Ässe ruefe, war er doot, un s'het gar niemet mitkriegt, wie'n' er gstorbe isch.

Vor er unterem Bode war het sich d'Leni gar nit traut, in Käller abe z'go. Si het g'sait, si het dänggt, do unde wär ämängg öbbis ganz schuuriges, e Sarg oder so öbbis, weil er's doch grad fertigbaut het un dann glii gstorbe isch. Z'letscht het sie's aber doch nimmi usg'halte un isch go luege gange. Wo si d'Dür uffg'macht het, het si sich erscht emol gwundert, weil do inne so suuber uffgruumt gsi isch, d'Sägschbän alli zsämmekehrt, un sunscht het er als so n'e Sauerei g'macht in siinre Bastelwuet, d'Leni het sich e mänggemol uffg'regt. Dann het si'd Kischte g'seh. Ä riesigi Kischte isch es gsi us fiin g'hobelde Brätter, un wemmer si agluegt het, het mer dängge könne, do isch wunder öbbis drin, halt öbbis ganz bsunders, öbbis ganz exotischs, öbbis ganz wichtigs. D'Leni het ganz wunderfitzig de Deggel g'lüpft, debi isch dä ganz schön schwer gsi un d'Leni ka jo kuum meh öbbis hebe, aber s'isch so schbannend gsi, daß si gar nimmi an s'Krüz dänggt het, erscht nochher dann. No het si nit schlächt g'staunt, so in dere Kischte widder ä Kischte dinne gsi isch, ä Stückli kleiner, so daß si grad so in di größeri Kischte iinepaßt het, aber sunscht genau di gliichi. D'Leni het de Deggel vo de kleinere Kischte uffgmacht un hett scho g'ahnt, was jetz kunnt, un hajo, in de kleinere Kischte isch no ä kleineri Kischte dinnegsi. Un so isch es furtgange, ei Kischte in de andere, wie bi dene russische Bubbi wo mer als sieht, immer eini so groß, daß sie genau in di vorigi iinebaßt het. D'Leni het g'sait, bis z'letscht het si doch dänggt, s'kunnt no öbbis g'scheits zum Vorschiin, irgendöbbis wo mer öbbis demit afange ka, aber nei, nit emol in de letschte Kischte, s'isch jo eigentlich numme no ä Käschtli gsi, war öbbis dinne. Ä ganz un gar ä sinnlosi Sach.

Er isch jo immer e weng e Spinner gsi, het d'Leni g'sait, wo'si mer's vozellt het, wo'n er jung war scho, zum Theater het er welle, aber was wottsch, wenn erscht emol e Frau do isch un d'Kinder kömme, muesch halt scho öbbis rächts schaffe, do isch glii vorbei mit de Träum, do lernsch wi's Läbe ussieht. Un e rächte Familievadder isch er jo gsi un het immer g'luegt, daß gnueg z'ässe deheim isch, usser halt wo'n er im Krieg gsi isch, un wo dann's Bei hie gsi isch, isch er immer no jede Tag an de Pforte ghockt un het s'Gäld heimbrocht. E guete Maa isch es gsi un e guede Vadder; er het eim als grad e weng könne leid düe, d'Leni isch jo neumedure scho e weng e Rääf worde. Un wo'n er dann in Ränte gange isch, het er sich im Käller sälli kleini Werkstatt iigrichtet un het bäschelet, un de Leni het's gar nit baßt, dä un si sinnlosi Bäschelei, het si g'sait, di ganzi Zitt dä Krach do unte, un do muesch no immer Angscht ha, er sägt sich mol ä Finger ab. Als det des nit länge mit em Bei. Viel gschwätzt hän si nimmi mitnander, un s'wundert eim nit, daß er ihre z'letscht au nüt vo siine Kischte vozellt het.

Ä komischi Sach isch des gsi mit dene Kischte, aber d'Leni het jo g'sait, scho dörtmols, vor si g'hürote hän, dörtmols scho isch er e Spinner gsi.

Dusse hört me öbbis

Lönt en doch iine, han i gsait. Warum wänn er en denn nit iinelo. Dä stellt scho nüt groß a.

Si hän beidi schnell d'Auge zuegmacht un d'Köpf gschüttelt.

Des mien er scho sälber wüsse, han i gsait, aber ich det en halt erscht emol iinelo. No ka mer immer no seh.

Aber si hän so fescht d'Köpf gschüttelt, daß ihre d'Hoor in d'Auge glampt sin, un ihm isch fascht d'Brülle abekeit, er hät si grad no gfange.

Ich bi ans Fänschter gange un han useglüegt. D'Nacht isch ganz schwarz gsi, mer hät nüt gseh. Nit emol de Mond hät gschiene, obwohl's ä klari Nacht gsi isch. Dä isch schiint's no in andere Länder beschäftigt gsi.

S'isch ä ganz klari Nacht, han i gsait. S'wird sicher saukalt hüt.

Dä frirt scho nit, hät d'Frau gsait un ä kalti Nudle vom Dischdüech gläse un ins Muul gschobt. Dä frirt scho nit. Di sin's gwöhnt. Di sin nit so vowöhnt.

Un woni si agluegt ha wine Frogezeiche, hät si no schnäll gsait: Des goht uns au nüt aa. Un si hät d'Brösmeli uffem Dischdüech mit de eine Hand in die anderi kehrt und dann d'Hand abgschleckt.

Ich ha widder ussem Fänschter glüegt un nüt gseh. Grad hani dänggt, dä isch villicht scho gar nimmi do, aber do hani uff eimol ä Schadde gseh. Ä ganz schwarze. Ganz klei isch er gsi wi zämmeknäult, un ganz schwarz, no schwärzer wi d'Nacht.

Dä isch beschtimmt aschtändig, hani gsait. Ich hett do kei Angscht.

Ich mach däm nit d'Dür uff, hät d'Frau gsait un d'Däller einzeln abgschleckt und uffenandergschtelllt. Wemmer die erscht emol dinne hät, no kriegt mer si nimmi uuse. Dodemit darf mer gar nit afange.

De Schadde do dusse hät sich bewegt, ganz langsam, numme gschliche isch er, de Wand entlang. Nit eso, als wott er sich voschtecke, sondern so, als wüßt er nit, woner hi soll bi dere Kälti. Als würd d'Wand warmgeh, so het er sich an si anedruckt. Aber ich ha gwüsst, daß sone Wand iiskalt isch in sonere saukalte Nacht.

Hesch au güet abgschlosse, hät de Ma gfrogt un in di leeri Bierfläsche glüegt, hinte au, un d'Fänschter guet zuegmacht. Des det no fehle, daß dä neume iineschlupft. Un er hät d'Bierfläsche langsam kippt, so daß em de letschte Tropfe ins Aug gloffe isch. Bier isch guet für d'Auge, hät er gsait.

Also, ich det en iinelo, han i gsait.

Uns det au nimert iinelo, hät d'Frau gsait. Wemmir neume so wäre. Mir mieste au luege.

Mir hän jo au scho miese luege, hät er gsait un sich mit de Krawadde s'Bier us de Auge gwüscht, un dann hät sich er an de Krawadde nach obe zooge, als wott er sich sälber uffhänge. Dann isch er ins Wohnzimmer gange. D'Frau isch mitem Gschirrduech in de Hand zu mir ans Fänschter ko.

Mer könne jo nit alli iinelo, hät si gsait. Morn stoht widder eine do.

Hänn er schomol gseh, winer ussieht? hani welle wüsse.

Ach, hät si gsait. Di sehn doch alli gliich us. Ich lueg di nit a. Wemmer die aluegt, dann meine si glii.

Dä goht scho widder, hät de Maa ussem Wohnzimmer brielt, neume isch er jo au herko.

Ich weiß nit, hani gsait. Ich glaub jo nit, daß dä do usse stoh un friere det, wenn er neume andersch hi könnt.

D'Frau het e Knüppel ins Gschirrduech gmacht und dann no eine, un dann hät si demit ä Nachtfalter vodätscht, wo am Fänschter ghockt isch.

Di mache numme Dräck, hät si gsait, un ä weng Goldstaub isch vom Vorhang abegrieselt. Dann isch si in d'Kuchi gange.

Do han i gmeint, i hett öbbis ghört. Ich bi mer erscht nit ganz sicher gsi, aber no han i s'Fänschter ä klei weng kippt, un do hanis düttlich ghört. Ä ganz hoche Ton isches gsi, ganz fiin, mer hät en meh in de Ohre gspürt als wirklich ghört. Wine Winsle isch's gsi, wi wenn eine de Mond ahüült, aber de Mond hät jo nit gschiine. S'isch eim grad kalt de Rucke abegloffe. D'Frau isch an'd Kuchitür ko un hät gloost. Wi ne kleins Kind, hät si gsait und sich mitem Gschirrduech über d'Stirn gwüscht. Aber do isch des Gjomer immer luter worde.

D'Fänschterschiibe hän agfange z'vibriere, d'Gläser im Schrank hän ganz liis klirrt und dann immer meh kläppert un gschäppert, wahrschiiens häts scho äbaar vowütscht, dä Vorhang hät gflattert wie wenn's mordswie gwindet hett. D'Frau isch näbe mich gschbrunge un hät schnäll s'Fänschter zuedätscht. Ganz bleich isch si gsi. S'isch aber nit liiser worde, sondern immer luter. Uff eimol het mer könne meine, s'sin no viel meh gsi, ä ganze Huffe, uf alle Sitte vom Huus. D'Frau hät s'Gschirrduech abenandergrisse un sich ei Hölfti in jedes Ohr gschtopft, de Maa hät de Fernseher so lutt gmacht, daß er brielt hät, de Kronleuchter isch hin un her gwackelt, de Butz isch vo de Wand abeko, un d'Ziegel uffem Dach hän kläppert wine alds Gebiß.

Un dann isch es uff eimol still gsi, liichestill.

Ich hett en eifach iinelo solle, han i liis gsait.

Si hän jo sowieso nüt ghört.

D' Diskussion
oder
Fascht hätt i öbbis g'sait

anegoh

anehocke
aneloose

uffhorche
uffrege
uffstoh

z'ruckschrecke
z'sämmerisse
z'ruckstecke
nit z'sämmeschisse
z'ruckneh

nit uffkläre
nit uffbegehre
uffgeh

nit usefinde
usewinde

usegoh

Werner Ohm

1937 als Sohn vonere Haltiere un eine Binzemer z Friedrichshafe im Schloß uf d Welt cho un dört sibe Johr später usbombt worde. Nochem Chrieg z Binze, z Wollbach un z Märt no gar ufgwachse. Z Lörrach s Abitur gmacht, z Basel un z Friburg (Breisgau) Französisch, Englisch un Sport studiert, z Lörrach un z Friburg Referendarzit, dann zäh Johr Lehrer am Gymnasium Oberkirch un sit Summer 1975 am Kant-Gymnasium z Wil am Rhy.

Mini erschte ernschthafte Gedicht han i 1954 in Hochdütsch gmacht, erscht zäh Johr später s erscht alemannisch – das isch nämlich schwerer, wil s Alemannisch us eine hertere Holz isch wie s Hochdütsch.

Am liebschte han i Gedicht mit ere feschte Metrik, un drum mach i au fascht nummi sonigi, wenn au iregdeine münggele meint, i sig altmodisch – uf jede Fall isch es schwerer, un wenn das altmodisch isch, no will i s gern sii.

Meh drüber cha me im Vorwort zum „Schneeglöckli" lese, un worum i gern alemannisch schrib, im Vorwort zo „Heimet, Muedersproch un Wii".

Im Bett

Wie schön isch s, wenn im Bett chasch lige;
hesch alli Stunde uf di bige
dr ganzi Dag; jetz hesch es gschafft;
ins Bett bisch mit dr letschte Chraft,
strecksch vo dr alli dini Glider
un saisch dr: „Jä, so gfallt s mr wider!"

Was isch recht?

D Schnure halte - isch das recht? -
D Meinig sage - isch das schlecht? -
Sag i d Meinig, goht s mer schlecht;
halt i d Schnure, bin i Chnecht!

Kavaliersdelikt

S isch efange grad zuem Gruuse -
trausch di chuum zuem Hus me use:
Mörder, Räuber, Messerstecher
werde allewiil no frecher;
Kriminelli, Stehldieb, Gängschter
sin hüt gfährlicher wie Gschpengschter.
Lumbeseggel un Ganove -
chasch vor Angscht bol nümme schlofe;
luegsch in d Zitig, goht s verdelli
all um Wirtschaftstkriminelli,
un in minem Radio los i,
was si sage vo Mafiosi;
Schmuggler, Schlepper, Autoschieber
hani au nit grad viil lieber.
Radikali, Extremischte,
Attentäter, Terrorischte,
Ver- un I- un andri -brecher
chömme über Muure, Dächer.
Alli dien is schikanire,
Minderjährigi verfihre,
in dr Gegend umechnalle
oder Fraue überfalle
in de Läde alles chlaue,
früschi Wänd mit Farb versaue,
über andri s Mul verrisse
un das arm Finanzamt bschisse.
S git Computer-Date-Hacker
un wie friehner Panzerknacker,
Ent- un Ver- un andri Fihrer
un au mänggi Lumbedierer,
sonigi, wo s Geld dien wäsche;
andri schnappe Frauedäsche;
alli Arte vo Betrüeger,
Liegisieche, Rechtsverbieger;

Überfäll uf alli Banke,
Raub vo Mark un Schwizerfranke;
mit Revolver un Pischtole
dien si s Geld dört usehole,
un mit Bombe, Gwehr un Messer
dien Entfihrer un Erpresser
Bolizischte überlischte -
ehnder chömme die in d Chischte,
anstatt daß me die Ganove
fange deet un richtig strofe.
Un mit diner Sicherheit
werde Gschäft gmacht wie nit gscheit:
Lenkradschloß, Alarmalage -
goht s de Gauner so an Chrage?
Infrarotbewegigsmelder
choschte di enormi Gelder;
nutze duet s - i will s erwähne -
aber meischtens numme dene,
wo s verchaufe, un villicht
isch au das e wohri Gschicht -
mängge - denn die sin nit blöd -
Politiker un Ufsichtsröt.
Duesch mol zwoi, drei Virteli trinke -
dien s' di glii uf d Site winke
vo de nächtlich leere Stroße,
un no muesch ins Röhrli blose,
doch daß du mit dinem Chare
unfallfrei virzg Johr bisch gfahre,
intressirt doch hüt kei Sau -
mit zwoi Virteli bisch blau!
Het dr eine öbbis gstohle
un de deetsch en gern versohle -
loß es sii - si strofe di
meh wie so ne Lumbevih!
Bisch emol mit dinem Chare
irgendneume anegfahre,

un im Streß denksch grad nit dra,
daß me 'n au abschließe cha -
isch er weg - dr Dieb wird gfange,
statt di freue, muesch jetz bange,
denn noch unsrem Gsetz isch s wichtig,
daß me di stroft, nit dr Richtig;
verfihrt hesch schließlich du dä Ma -
klar, daß dä defür nüt cha!
Lesisch in dr Zitig d Bricht
über d Urdeil vo de Gricht,
packt di Mitleid un Erbarme,
un de fiehlsch mit dene Arme,
denn d Familie isch so schlecht gsi
oder au normal un recht gsi -
jedefalls bruuchsch viil Geduld,
denn s sin alli andre schuld,
numme nit die Delinquente -
sottsch 'ne ehnder öbbis spende
als di Geld für di Verschwende.
Lüt, wo soll das bloß no ende?
So, wie d Elt're di erzoge,
bisch loyal, un s wird nit gloge;
machsch nüt Letzes, duesch nit bschisse -
scho dien andri s Mul verrisse.
Mängge dunkt sich bsunders schlau
un nimmt s nümme ganz so gnau,
nimmt bol alles ganz entzückt
für e Kavalirsdelikt,
un ich denk: Was sollsch jetz mache?
Machsch jetz au so chrummi Sache?
S bescht isch, denk i, haltsch schön still -
s macht bol jede, was er will,
aber ich - schiint s au e Märli -
blib grad zleid e rechte Kerli!

Immli am Steichlee

Winzig wissi Blietli sitzen am Steichlee;
flissigi Immli chömmen un fliegen en a,
suechen un sammle dr Nektar un werde 'n mit hei neh;
alli schaffen un suugen un strenge sich a,
schaffen un suugen un sammlen un chenne kei Raschte -
d Arbet mueß gmacht sii, solang aß ne d Sunne no lacht -
schleipfe si heimzues, die sieße un nützliche Laschte;
flinki un flissigi Flügeli trage die Tracht,
bringe si sicher zuem Stock un ine in Chaschte,
träume villicht no vom Steichlee deheim in dr Nacht.

Margret Brombacher

seit em Jahr aber Jahr schriib
em Komponer iis alemannisi
Lieder, wobei ich en sälten uf
de Gitarre begleite dui.
Viili vo mine Lieder hei e
kritischi Inhalt wil ich
mein, dass iiseri Zit e kri-
tischi Stimme bruucht.
Als ich nue schriib ii e Ge-
dichte ii un äijnal e weni
Prosa.

Morgelicht, Lied

der Dag stiihlt sich ganz liis ins Zimmer
uf stille Sohle schliicht sich d Nacht dervo
e Huuch vom neue Dag isch im Zimmer
d Nacht wiicht im hälle Morgelicht

du witt in dinere Traumwält bliibe
will gli der Alldag sini Fäng usstreckt
e churzi Zit im Traum verwiile
e Augeblick wo dir blibt

der Traum isch us dim Gsicht jetz gwiche
un für e Wimpereschlag
bisch du mir nooch un vertrauter
wie sunscht nie meh am Dag

der neui Dag isch jetz im Zimmer
un isch no e ungschriibe Blatt
was wird er Neues schriibe bringe
wievil Erfahrig wievil Freud

chum loss üns no e wenig bliibe
e Augeblick so still vertraut
e churzi Zit zue zweut verwiile
e wenig Zit wo üns blibt

scho isch die churzi Zit vergange
dä Augeblick so still vertraut
denn mit em hälle Licht am Morge
verwähjt der allerletschti Traum

in dine Auge liis ich hüt
was du mir gärn sage witt
doch Wörter falle nüt vo sälber
sin wie Teer so chläbrig schwer
blibe an der Zunge hänge
Lippe chönne sich nüt trenne
Wörter ohni Ton un Hülle
düen hüt dini Auge fülle

Lied vom Penner

uf ere chleine Bank im Park
sitzt en alde Ma
zwüsche sine Schlurbe
stoht e Fläsche Schnaps
Lumpe um ihn umme
under sich Papiir
Einsamkeit isch in ihm drin
niemers luegt dört hi

sprochlos isch hüt d Stilli
wo si Mantel isch
tonlos sini Wörter
wo niemers höre will
luftleer um ihn umme
er zellt hüt niene meh
läschtig isch er Viile
de Penner wo dört sitzt

de graui Bart isch filzig
de Blick verhange trüeb
de Alkohol isch s einzig
wo ihm bliibe isch
s Läbe hät en beutlet
us sine Gleiser keit
un hüte isch er einsam
heimatlos ellei

uf ere chleine Bank im Park
sitzt en alde Ma
zwüsche sine Schlurbe
de letschti Fründ parat
brueche cha mer niemers
wo us der Reihe tanzt
un drum isch er einsam
heimatlos ellei

Am e Wucheend in London hei mer no nere Bombedrohig in der U-Bahn zweu vo ünsere Buebe e paar Stund gsuecht.

Angscht in der Masse
Allei under Viile
wo haschte wo renne
wo lache verzelle
dursichtigi Blick
träffe di G'sicht
um di isch Leeri
wie in jedem Blick

Angscht frisst vo inne
nischtet im Hirni
wird zuem Chlumpe
wo wachst
wird grösser un breiter
frisst in der Seel
    drei Stund spöter:
Glück isch nüt fassbar
warm in de Händ
mit jedem Lache
e Tropfe vom Zapfe
wo in der Seel chracht
es tröpflet un tröpflet
wird lichter un lichter
macht dankbar un froh
Glück isch jetz fassbar
warm in de Händ

Glück in der Masse
mit Viile verwile
wo haschte wo renne
wo lache verzelle
ke leere Blick
trifft in di G'sicht
um di isch Glück
wie in jedem Blick

E fascht wohri Gschicht us em Markgräflerland.

Mess isch agseit gsi am Samschtig zobe un in der Chilche sin d Bankreihe gfüllt gsi. Der letschti Glocketon isch verklunge un alli hei druf gwartet, dass der Pfarrer afangt. Aber Hochwürde isch nüt zuem Vorschin cho. D Lüt sin geduldig sitze bliibe, numme im Messmer hät Böses gschwant. Es isch ihm brennend heiss igfalle, dass der Pfarrer vo der Jagdgsellschaft zue nere Tribjagd iglade gsi isch. Bösi Ahnige hät er ka, denn scho nemol no so me Anlass hät Hochwürde mit em Grünzüg under der Soutane - er isch nämlich e begeischterte Jäger gsi - d Mess gläse. Sällemols hät er o no der Mess mit em Gwehr Tube vom Chilcheturm obe abe gschosse. Zwar hät em nochhär der Chilchegmeindirat d Levite verläse, aber wer weiss, öb s aghebt hät.
Zeech isch in der Chilche d Zit verstriche, d Minute sin langsam tröpflet. In sinere Ufregig hät de Messmer d Lüt e Rosechranz bäte lo un hät derno alli heim gschickt. D Mess cha nüt gläse werde, der Herr Pfarrer isch nüt cho.
Chum isch der Letschti us der Chilche use gschlurbt gsi, isch er dure zuem Pfarrhus glaufe. Er hät an der Dür agchlopft, in d Fenschter ine gluegt, aber s isch nine niemers gsi. Wo ner aber zruck zue der Chilche hät welle, hät er us der Pfarrschüre use sältsami Gräusch ghört. Do druf hi hät er s Schüredor ufgmacht. Um Himmelswille, här je, dört inne isch im e Egge lut schnarchend im e Mordsrusch uf eme Heuhufe Hochwürde gläge.
Der Messmer hät im Pfarrer der halber abgrauchti Stumpe us der Hand gnoh un hät en gschüttlet. Hochwürde, si hei d Mess am sechsi vergässe, ich ha d Lüt müesse heimschicke. Was wärde si im Dorf jetz wieder verzelle, e gross Gschwätz wird s wieder geh.

Wie e chaldi Duschi muess das für de Pfarrer gsi si un schlagartig isch er e wenig nüchterner gworde. Zwar hät er allno glasigi Auge ka, aber dur der Näbel im Hirni isch anschinend langsam dure drunge, was em de Messmer grad verzellt hät.
In sine grüene Klamotte isch er uf em e Heuhufe am Bode ghockt. Dass er d Mess vergässe hät, hät em e Mordsschrecke igjagt. Aber numme wil s so schön gsi isch, wil s so viili gueti Vierteli geh hät, isch em das passiert.

Er isch menschlich gsi un wie alli hät er sini Schwäche un Stärke ka. Vor langer Zit isch er us em ehemalige Ostpreusse, im hütige Pole, ins Markgräflerland cho. Dorfgschicht hät er gschriibe un isch do dermit lebändig bliibe.

Heinz Reiff

Heinz Reiff

1921 z Lörrach gebore.
Min Beruef isch Kaufmaa.
1940 bin i zum Militär in
ha uer Russland abgschickt.
Anne 48 bin i us dr Gfange-
schaft heimcho.
frogt me mi öbbis, no gib i
Antwort, meischtens gfallt i
aber nit. Ob i alemannisch
oder schriftdütsch schrieb: All
schrieb ich des vani will im
nit sell, wo d Lit lieber
täte löse. Für mi isch d Sproch
s höchschti Kulturguet, nit
öbbe d Hörnerklappe, un dä
wo mit dr Sproch liederlig
umgoht, soll grad in d Aischte!

I wott en Ähri sii

I wott en Ähri sii.
I senkti s Chorn in Bode,
e Hampfle heissen Oode
gäbti no drii.

No chönnt dr Spötlig cho,
s wurd Laub un Schnee druf bige,
warm dörfts do unte lige
un Wurzle schloh.

Un wemmer d Zyt no längt,
no wotti s no erlebe
wies chiimt un wies denebe
dr Lette sprengt.

Emend wurdi no seh,
wies wuchs un wurdi drüehje,
villicht sächti s no blüehje
un Ähri gee.

Die wurde wider gsaait,
bis zlescht dur alli Fure
un chrüz un quer dedure
mii Oode waiht.

Me frogt mi

Do frogt mi eine, wer i bi -
dem sag i grad: I weiss es nit!
Im lebe schmeussts ein her un hi,
bi König scho un Bettler gsi,
dezwüsche isch *ei* Schritt!

Un frogt mi eine, was i mach,
no gib i zue, s isch chuum derwert.
Me meint, me miech e gueti Sach,
no chömme Nächt, do lyt me wach,
will neume no eis plärt!

Un frogt mi eine, was i glaub,
se zeigi em dr Baum im Feld:
Er hangt voll saftig-grüenem Laub,
s wird rot un gäl, verkeit zue Staub -
un bliibt doch uf dr Welt!

Un frogt ein, wenns wurd besser cho,
dem weiss i au e rechte Bscheid,
er isch vom König Salomo,
im Prediger tuet neume stoh:
Ein jegliches hat seine Zeit!

Ellei

Hesch gmeint
de stiengtisch zmitts
i dere Welt
un merksch
de stohsch vorusse
bisch nüt
un s ghört der nüt
no nit emol
e Stuck
vom eigne Schatte
e fremde Fuess
stoht druf.

Gspüürsch
wie dr Sturm
dur d Rippe fahrt
un ummewüehlt
drininne
es chocht un schuumt
der s Bluet
dur alli Glidre
un wottisch goh
se hangt der
d Angscht am Bei
e Chnüppel worgt
im Hals
un s Wort
stirbt uf dr Zunge
de bisch ellei
bisch ganz ellei
ellei.

stiengtisch: stündest

Nekrolog

Nachempfunden dem Gedicht
„Sur une Morte" von Alfred de Musset

Schön isch si gsi
un ohni Fehler gwebt
wie Alpeschnee
so chüehl un stolz im Wese
s Buech rutscht eweg
si het nie inem glese
goht ab dr Welt
un het no gar nit glebt.

Chunntsch druus?

Do stoht e Maa
vor ihm siim Huus.
Ihm siini Frau
chunnt grad duruus.
Dr Suhn wo iinegoht, isch siine.
Die, wo am Bode hockt, isch d Miine,
s isch d Tochter, aber - ihren ihri,
Hoor het si: schwarz wie Chahreschmiri.
Un s Buschi in dr Waglen in
isch ihnen ihres, s Evelyn.
Bis jetze hets no niemes gstört,
ass ihren ihrs zuem ihm siim ghört.
Un ihns - wo ihnen ihres isch -
in ihm sy Platz isch au am Tisch.

Sait öbber: Ihnen ihri sin s,
no meint er ihm siin, ihren ihrs un ihns!

Liesel Meier

Eigentlich heiß i jo:
Luise Katharina Meier geborene Bromberger
aber so chennt mi halt kei Mensch.
Gebore am 12. 12. 1933 uf dr St. Joh. Breite
bi Sitzechilch (Kandern), un wege dem bini
s „Breiti-Lieseli' un würds au bliibe, öb wohl
i sit 40 Johr Meier heiß, drei erwachseni Töchtere
un siebe Enkelchinder ha.
Bekannt worde bini als „dichtendi Huusfrau' un
sell bini allewil no.
I sig ne „Spotberuefeni' het dr Präs: z Friberg
gsait. Sisch wohr, i ha mit fuffzig nit gwüßt
ob i mit sechzig so „populär' bi.

<u>Was mi ärgeret:</u> Aß me als „Bächli-Blüemli-
Dichtere" bezeichnet würd, wenn me alemannisch schribt.

<u>Was mi freut:</u>
Wenn ne Schwitzer-Herr sait, Si hän meh für d Völker-
verständigung to, as ne Politiker wo schwätzt im
Fernseh,
ne alte Maa wo sait, Lieseli, dii solts uf Chranke-
schiin geh, dno giengs Unsereim besser,
wenn ne jung Maideli meint, s heb nümmi gwüßt,
wie schön alemannisch si cha.

Das sin mini ganz persönliche Uszeichnige
wo mi ganz arg freue!
                                    Lieseli

Ne Emanze?

He nei, ich cha nit numme schlucke
was irgend einer für mi kaut.
Do krieg i höchstens s Magedrucke,
so Chost ha ni no nie verdaut.

I bruuch mi eigene Chopf zuem denke,
mänkmol schier z viil, i gibs jo zue.
S wär ringer, müeßt en nit verrenke,
me lebt druff los un hätt si Rueh.

S git Tag, do mueß i dispetiere,
nit numme mit em eigene Maa,
un mueß dermit halt au riskiere,
aß mi nit Jede liide cha.

Ne Emanze? Nei, do mueßi lache:
Ich bi vo Herze gern ne Frau!
Doch gits halt eifach ä paar Sache,
wo ich ällei entscheide trau!

Mänk einer denkt jetz: So ne Hoke,
die chämti doch bi mir grad recht!
Er soll emol mi Emil froge,
denn sällem gfallt das gar nit schlecht!

Dr Sturzhelm

Ich bi ne chleine Mofafahrer,
ne echte Energiesparer!
Ich chleppere mit dem Rütscher umme
uff grade Weg un au uff chrumme.

Numme jetz das neuschti Gsetz,
macht mi meistens schier ganz lätz.
Dä Chübel, woni uff mueß lege:
do bini also strikt drgege.

Ich zuckle gmüetlich übers Land,
dä Helm isch eifach allerhand!
Me siiht nit recht, me hört nit guet,
dö überchunnt mi schier gar d Wuet!

Doch chürzlich stöhn am Weg uff Chander
zwe jungi Kerli mitenander,
die hen - schier hanis nit begriffe -
lut hinterher mir gjohlt un pfiffe!

Das isch in Johre nit passiert,
un het mi chaibisch amüsiert! -
„Wahrschiins isch so ne flotte Chübel
für alti Wiiber doch nit übel!"

S gschriibe Wort

S gschriibe Wort, zue dem muesch stoh,
chaschs chuum meh widerlege.
Das blibt, - bisch selber nümmi do,
chas Fluech si oder Sege.

Mänk Tröpfli Herzbluet steckt jo drin,
es zeigt di Art, di Wese.
S goht ander Lüt in Gmüet un Sinn
un würd nit schnell vergesse.

S gschriibe Wort stoht schwarz uf wiß
un Du chaschs nit verstecke.
Vo dem wo s stammt, do zahlt dr Priis,
do sell me nit verschrecke?

S gschriibe Wort, das isch ne Gwalt,
s lebt über Raum un Zit!
S gschriibe Wort, das würd nit alt,
du gohsch, - un nümmschs nit mit!

Sprochschwiirigkeite

Liebe Fründ, sag was de witt,
s meist verstand i eifach nit.
Zwar gar nit wit - un doch nit noch,
ich schwätz si nit, dii Landessproch.
Vo jung uf müeßt me das halt lehre,
mitenander parle - dischkeriere.
„Je taime", - sell hani schnell erfaßt,
„mon ami" - het au scho paßt.
„Silvuplä" und au „merci",
aber noher pass i glii.
„Bon jour", sag i miteme Lache,
„je ne sä pa" - chasch nüt mache!

Französisch isch für mii halt „spanisch",
am beste gohts uf alemannisch.
Sell schwätz me do un dört vom Rhii,
i mag di, glaub mers, mon ami!
Druck mi halt so fest de chasch,
dno mache mir zweu „Schümelasch"!

Verändereti Wclt

Was isch us unsere Äcker worde,
mit Frucht un Rüebe, aller Sorte?
Weize, Gerste, Haber mit Chlee?
So öbbis sihsch schier nienemeh.
Me het jetz andere Some gstreut,
„a blüemlet" hätt mi Vatter gsait.

Wie sehn hüt unsi Dörfli us?
Putzt un gstriiglet, jedes Huus!
An alle Türe gits jetz Glocke,
kei Hüfli Mist sihsch näume hocke.
Hünd un Chatze gits - so nett,
ne Huehn isch scho ne Rarität.

Wie gohts au in de Hüüser zue?
Jedes het all no mehr z tue!
Eis schafft z Basel, s ander z Mülle,
me siht sich chuum, bim beste Wille.
Leer sin Schüüre, Ställ un Schöpf!
Ne andere Geist spukt in de Chöpf.

So ischs überall - sag was de witt!
Die Alte chömme nümmi mit.
S git no ei Trost un das isch viil:
„Rindviihcher" hets no allewiil.
Un mänkmol merkt me ganz verschrocke,
wo die allergrößte hocke!

Christa Heimann-Buß

Am 8.8.1946 bini im chleine mark-
gräfler Dorf Sitzechilch uf d'Welt cho.
Jetz leb i mit minem Maann un unse
zwei Buebe grad 3 km nebedra, z'Chandr.
In Sitzechilch versuech i no de Tante-
Emma-Lade am Lebe z'erhalte. Aber er
schnuuft numme no ganz schwach, woohr-
schiins goht er bal i, wie alli andere
Dorflädeli au. Schad drum.
In die „großi" Welt hets mie nie zoge.
Mir längt mi Chleini. Aber die will i
mit Lebe fülle un zeige, daß es sich
lohnt zue allem Sorg z'geh, was d'Heimet
usmacht un z'biete het.
Dode zue ghört au s'Bruuchtum un
d'Tracht. Der z'er halte isch mir
wichtig.
Mi Lebensgrundsatz isch:
Mit offene Auge dur d'Welt
un mit offenem Herze zue de Mensche

A. Heimer

Regezit

Truurig tropfe Regetropfe,
dien e Lied im Mollton chlopfe,
wo in d'Seele un ins Gmüet
langi Schwermuetfäde zieht.

Niislig nassi Nebelfetze
dien um d'Bückel umme plätze,
striiche wie e lange Schal
endlos über Berg un Tal.

Wulke web're windvertriebe,
hän an Himmel Bilder gschriebe.
Sageviecher, Fotzletürm
wachse us dem duschtre Gstürm.

Wasser wusle. Wellewüetig
würd de Bach no übermüetig,
hoblet wild am Uferrai,
rißt an Wurzle, Gras un Stei.

Wasserwelle, Wasserwoge
sin dur Tag un Stunde zoge,
bringe Freud un mache Weh:
Lebe spende - Lebe neh.

Luege, loose, liisli werde!
Un die regenassi Erde
brichtet dno vo ihrem Gwicht
in de lange Schöpfigsgschicht.

Mi Alptraum

E Alptraum het mi letschti plogt
un tribt mi um un um.
I bi in miinem Dörfli g'hockt
un zrings um mi isch's stumm.

Kei Chueh wo muht, kei Güggel chreiht,
kei Glocke duet me schlah.
Kei Mäder me wo Heugras maihjt,
de Wind hebt 's Schnuufe a.

Kei Chinderlache un kei Gschrei,
kei Hund wo neume bellt.
Kei Schöfliblöke in de Gmei,
kei Chatz wo d'Bürschte stellt.

Ganz still isch alles, müslistill,
als chem jetz grad de Tod,
wo schleunigscht alles hole will
wo zmitts im Lebe stoht.

Doch nei, mi Alptraum zeigt mr a,
des het e andre Grund:
Dehinter stoht e böse Ma
wo 's Menschsii eim nit gunnt.

De Lebensrhythmus abedruckt
un Mensch un Tier im Zwang.
Ha Wuet im Buch, si abegschluckt,
denn mir würd's angscht un bang.

Vom Traum zuer Wohret isch's nit witt,
denn 's duet so Sache geh.
I glaub es chunnt e schlimmi Zitt
duet me uns alles neh

was ummequakt un pfifft un singt
un luschtig jubiliert,
was Umtrieb in de Alltag bringt -
viilartig , unscheniert.

Un wenn dört unt'rem Lindebaum
de Brunne nümmi lauft,
no isch'er wohr, dä böse Traum:
Ein het 's ganz Dörfli g'chauft!

Schlüsselchinder

Si hocke uf de graue Muure,
sehn wie verrupfti Spatze us.
Bleichi Gsichter zeige Spure -
ihre Heimet isch voruß.

Dört in öde, leere Gasse,
Bahnhofsvorplätz, Ubahnschächt,
wo si garnit ane basse,
lebe si mehr schlecht as recht.

Haschisch rauche, Schnüffeldroge,
chlaue no als Muetbewiis;
hän si d'Stunde durezoge
in däm „Chinderparadies".

Wenn si no de Wärmi sueche
striiche si dur Supermärt,
Remple umme, schimpfe, flueche,
nüt isch heilig, nüt isch wert.

Hän si Sorge oder Froge,
duet ne niemes Antwort gee.
„Chumm, verschwind, due jetz nit ploge!
Do, due halt dä Zwänzger neh!"

Geld hän si in ihre Täsche,
Geld für Liebi - als Ersatz.
Menki hänke an de Fläsche,
hän mit drizeh scho e Schatz.

Wulleweichi Herzenswärmi
isch'ene e fremdes Gfüehl,
aber Angst un Seelehärmi,
sell isch unbewußt im Spiel.

Un so Chinder, seele-gfröhrig,
drifte liicht ins Elend ab,
werde Opfer - werde hörig -
schüeche ammel nitmol 's Grab.

Allno hocke si uf Muure,
menkmol duet is 's Gwisse schlah.
Verwüsche mr die Seelespure!-
Was göhn uns fremdi Chinder a?

Günter Wagner

Mi Läbe.

Wänn me so alt isch, wie i jetz bi, derno cha me scho e
Schtrich zrucklnege uf dä Wäg wo me gange isch. zrucklnege uf
e Läbe, in ere Wält mit ihrerzit im uf die viele interessante
Mänsche wo eim begleitet häi. An dene me sich gribe oder uf-
grichtet het. Es sin schöni, schweri, luschtigi um bsinnlichi
Johr gsi, uf holperige Wäg um glatte Schtrosse.

In e chline Dorf uf em Wald bin i ufgwachse. Dört ha i
gschpielt - um s schaffe glehrt, wie am s singe, s rächne um s schriibe,
im Kreis vo liebe Kamerade um nätte Mänsche.

E Läbe lang ha i gschafft in däm Beruef wo i glehrt ha. Um
wil i halt e Wälder bi, so ha i im mem Nochberdorf e Wälder-
maidli ghürote. Mit drei Chinder häi mir bis hüt näbenne no
e Höhelandwirtschaft betriebe. S bure an de Bärg het mir scho
as Bueb Freud gmacht.

Nes eifach Läbe, in ere schöne eifache Wält, het mi läbe er-
füllt. Dass d Natur im Mänsch Gränze ufzeigt merkt me derbi.
Hot am mieglnegt in d Färni, gar mängmol het s mir grust.
Mit üsem runde Heimetboote möcht i emol zuelecht
wärde, um dört drin mi letschti Rueh z finde.

E Traum

Näume us dr Tiefi,
s isch mir grad as schlief i,
hört i Ein dä riefi,
sälli Bahn - die schiefi
wo i grad druff liefi,
sei e morschi Bruck.

Näume us dr Witti,
mahnt Ein ärnscht, „i bitt Di."
Hocksch uf sällere Ritti,
nümme in dr Mitti.
Un mir isch s as litti
in re Lache Bluet.

Näume witt vo äne
chunnt säll gruusig Sähne.
Sich an Wohlschtand lähne
un mit goldene Zähne,
suuge an de Hähne,
gierig - Schluck um Schluck.

Niene us dr Nöchi,
niene in dr Höchi,
hört i Ein, - dä schpröchi:
„Wänn me witter schlöchi,
d Wält dört ane bröchi,
zue me Schoche Gluet."

Wo isch dänn das Näume?
Wo me sieht in Träume.
Duesch in andre Räume,
näume Franse säume?
Würsch scho mit de Bäume
bal e Hampfle Schtaub?

Ne alte Schtei

Im Chilchhof schtoht ne alte Schtei.
Vermoost, vergrast, verschpunne.
Im Ecke schtoht är ganz ellei.
Drvor schtand i - versunne.

Är hangt scho schreg, lähnt sich an d Muur.
Vergässe,- voller Schramme.-
Vom Chilchturm schlat die alti Uhr.
I bsinn mi no me Namme.

E chlei weng dalb i s Gras an Bode.
Mi Dume suecht no Zeiche.-
I schpür in mir ne heiße Ode.
I cha mi nümme gleiche.

Mi Läbe rännt an mir vorbei,
rännt zruck - in d Jugendzitte.
E Traum? E Namme un mir zwei
durwandle Wält un Witte.

I sieh üs beidi,- Hand in Hand.
Es chüehlt dr Wind Di Chöpfli.
Du bindsch e füürig rotis Band
in Dine blonde Zöpfli.

Mir hän üs s Läbe ane gmolt,
in allerschönschte Farbe.
Doch Di het Eine heimwärts gholt,
wie d Buure ihri Garbe.-

Im Chilchhof schtoht ne alte Schtei.
Vermoost,- vergrast,- verschpunne.
Im Ecke schtoht är ganz ellei.-
Drvor schtand i,- versunne.

Für d Helde

Für alli Kanone
gitt s näume Schablone.
Die Mänsche wo s schmiede,
sin innerlich z friede.-
Das Gschäft mueß sich lohne.

Es berschte Granate
in jungi Soldate.
Am himmlische Schatte
siehsch Engel wo schpatte.-
E Grab für Kamrade.

Dur alli Kaliber
verrisseni Liber.
Uff bluettränktem Bode,
e schlachtriife Ode.-
Deheim bläre d Wiiber.

Numme witer probiere!
Au s Pulver sortiere!
Lueg.- Heiligi Fahne!
Sie rüefe - un mahne!

Loos.- D Helde marschiere!

Verdummig

E junge Mensch wird vereidigt,
daß är d Heimet verteidigt.-

Jetz,- fülle sie d Ränze,
witt äne dr Gränze.

E Mensch gsi

Wänn i emol dod bi
un dr Pfarrer verzellt,
i sei numme Mensch gsi. –

Pfiff i uff dr Held!!

Mario Fitterer

Zwische hunderte on te an
Schwarzwalde, Alt Lütene an
schtau bruure i turig Meter höch hi
ufbrachue. Noo n ene Abi fuit
Plonetikchkchuer de fialekcht
abgwöhnt. Etliche Johr schpöter
bin i Todtmoos di u erscht Texst
n Alemannisch entschtande.
Jeno lamg bchei ni meh, bis de
firmg und truer gmachut hef.
Si ter tu al en ene n bsf luef
i Mundart - februl

mario itv

De n erscht Advent

er het e Flamme
mer lönt en
kchalt
mer sin abbrennt
s Sozialamt isch üser
Vadder
e Chind
suscht ha n i nüt
z verwarte
it e mol d Kchraft
i d Röhre z luege

Wenn de Tod chunnt
wer i kchei Gschrei mache
kchei Problem
wo n it totgschwige

Wüschtegrabe

de Mond isch so müed
er rollt i mi Kchammer
wo n i noh n it bi
s Liecht dreiht mi Mühli
zuer Nachthälfti hi
si Sichle isch im Grund
goht s mi nüt a
im hintere Wüschtegrabe
wo zwische Schtei
si nüt afange cha
i wirf in Gedankche
de Blickch nume halb
us m Fenschter
nuf i de Himmel
d Auge s linkchi wie s rechti
wänn nümme ganz zämme
vum Mond isch i jedem
e Bruchschtuckch jetz drin

Tetragonie

de Mond goht uf
un zue
de Bruckche
fehlt e Schtuckch
d Lippe kchlaffet
e Kcharree
kchei Lut
passiert

Richter-Skchala

Schare vu Männer un Fraue göhnt ufs Gricht, schwärme über Schtufe un Treppe, verflüchtige si n i de Gäng un di in Flüegel, wu d Ussichte, di rechtliche Schritt über d Fürlitere furtzsetze oder unter e Falltür z beende, si d Woog halte. S Wiß vu de Schilder nebe de Türe, wo n uf sin, kchorreschpondiert mit em Wiß i de n Auge vu de Bedienschtete. Si schtöhn mit m Ruckche zuer Wand Schpalier, unterm Buckchel de n Ode, wo si ghortet hän, as seige si Luft. D Anschprüch sin verschtummt. De Bsuecher isch de Grund entzoge, it z glaube, aß alls bsieglet isch. Si bilde si s Urteil über de n Usgang vu de Verfahre, wo noh offeschtöhn, noo n em Usdruckch i de Gsichter, wo zuem Usgang wise. Kchei Fall, wo n e n Erschütterig verursache tuet. Di Richter-Skchala schloht it us.

Erschepft

D Psychiatri
het vierzeh Schtatione
un meh

unter de Bor-Chilche
kchlappt e Neue
wo nie s Mul ufbrocht het
zämme un löst si
n in Träne n uf

er schepft
Kchraft us m Glaube
i jedem vu sine Bruchschtückch
sig s Wort Fleisch wore

er nimmt si zämme
zwische jedere Dosis
suecht r vollpumpt
alsfurt de Schepfer

Schritt halte

si het si igsetzt
wie s nume gange n isch
si het it Schritt ghalte
jetz isch si n am End
vu de Schlang im Arbeitsamt
d Firma het ere de Laufpaß gäh

si het Bewerbige laufe
un mänkmol schtellt si si vor
niene Ussicht
uf Arbet
zletscht e Platz
i de Kchlinikch
si setze
en Herzschrittmacher i

Werner Fischer

Anno 1931 bini uf d Welt chu, z Santa Cruz de la Sierra in Bolivie, wyl my Vadder isch 1926 usgwandret. 1938 hemmer d Grooseltre im Markgräflerland bsuecht, un wägenem Chrieg hemmer doblybe miesse. Ich bi z Mülle ufgwakse, ha 50 s Abitur gmacht un z Frybürg studiert, un 61 hen si mich go Meßkirch ans Martin-Heidegger-Gymnasium versetzt, woni 34 Johr lang Lehrer gsi bi. Syddem Summer 95 bini pensioniert. Ich bi s zwaitmol verhyrotet und ha drei groosi Chinder (us erschter Eh).

Werner Fischer

jänner

ufem feld
schnee

d welt
wiene see
wyss und glitzrig und glatt

wyss isch d stadt
und der wald
wo der schnee
lyyslig fallt

am blaue himmel

s het ebber strich gmacht
wyssi strich am blaue himmel
graad und iberzwerch

wer het do boosget
wer het done fehler gmacht
wo isch der schuelmaischter wo
d note macht

wenn d priefig ummen isch
denn isch sy biechli voll

und wo stehn
myni note

In der Zyttig glese

„Zurück in das Dickicht
der Ideologien",
hani glese in der Zyttig
(do bruucht me halt
d axt im wald).

„Bundestag tritt zusammen",
hani glese in der Zyttig
(ich froog mi jetz:
wer wer).

„Maßstäbe für Politik"
hani glese in der Zyttig
(des isch e sorte zollschtock
do sin numme
hundertschtelmillimeter
druf yyzaichnet).

„Morgen Hauptschulschlussprüfung",
hani glese in der Zyttig
(und am end iberchunnt
der hauptschuelschlussspriflig
syni hauptschuelschlusspriefigsbschtätigung).

„Bessere Stellenkegel gefordert",
hani glese in der Zyttig
(was fir hyffli hen die
bis jetz gschisse).

„Morgen pädagogischer Tag",
hani glese in der Zyttig
(aimool im johr do gits e daag
wo mir lehrer lehrer derfe sy).

Millemer Haiku

Gott het gseit: „Es war
sehr gut" - des muess aber ganz
am Afang gsi sy!

„Ich bi s A und s O",
seit Gott - schaad, mir hen hyt en
ander ABC.

Der Atheischt glaubt
au ebbis, er glaubt do dra
asses Gott nit git.

uffem chilchhof do
bette numme selli wo
no am läbe sin

Alli Mensche mien
sterbe, sage si - des spar
ich mir uf bis zletscht.

e pessimischt, des
isch er - also ebber wo
allbott recht kha het.

wemmer im hirnwald
spaziere goht isch mer ganz
schnell ufem holzwääg

Mit dir gohts ufwärts?
Scheen wenn si dir nit helfe
middem Sail am Hals!

Kai Schuss Pulver isch
der wert? Lossen läbe und
er stirbt vu selber.

hani here sage

„Jeder Mensch isch
Hammer oder Amboss",
hani here sage.
(ich main allbott
die maischte vu uns
sin des zwische dinne)

„s Schaffe haltet aim gsund",
hani here sage.
(aber numme so lang
ass wieme läbt)

„s isch no kai Maischter
vum Himmel gfalle",
hani here sage.
(wyl im himmel do werde
kaini maischter yygschtellt
numme lehrbuebe)

„Ai Hand wascht die ander",
hani here sage.
(me wird so dreckig
dodevu)

„Der losst fimfi graad sy",
hani here sage.
(selli hani bsunders gern
die selle wo so
graadus sin)

Paul Nunnenmacher

Lir Hermann

Mer sin nit vun de besunders Schnelle,
mer sin nit vun de besunders Helle,
mer wisse nit mol, was mer solle:
– un trotzdem ka mer uf is zelle!

Paul Hindenmacher.

D' Senfkatz

De Seppe-Duni isch e Lebenskünschtler gsi - e „Sonniboy" dät mr hit sage. Well er meischtens nit due het, het er selte ebbis verkehrt g'macht! „Lieber e Buuch vum Esse un Trinke, als e Buckel vum Schaffe" - isch aini vu sine Lebensweisheite gsi. Mr het em nit bös si könne, un well er so ne gsellige Mensch gsi isch, het er au immer widder ebber gfunde, der em e Vierteli zahlt het - un dert debbi het de Seppe-Duni nie nai gsait.

Am e kalte Winterobend isch es gsi, wo de Seppe-Duni, de Stumpe-Schriiner, de Meßmer un de Kronewirt mitenander e Cego gspielt hänn. Stund um Stund sin si scho mit hochrote Köpf am Ofetisch in de „Krone" ghockt un hänn de Gstieß, de Mund un de Babberli uff de Disch nagwäsche, daß d' Gläser jedesmool e kleine Gumper gnumme hänn.

De Seppe-Duni - weiß Gott wie er des aagstellt het - isch bi jedem Spiel bi de Gwinner gsii und de Kronewirt het ai Runde noch de andere zahle mieße. Am halber Zwölfi het d'Kronewirti ihri Strickete uf de Ofebank zämmepackt un het kummidiert: „Fiirobe jetz!" Des isch e re langsam z'viel wore, wie die drei Liimsieder ihrem Mann s'Fell über d' Ohre zoge hänn. Im Seppe-Duni het des gar nit ins Konzept paßt! „Mr könne doch jetz nit uffhöre, wo de Kronewirt grad am gwinne isch", het er gjoomeret und schiinheilig si Eckstai-Ass niigschmiert. „Du bisch jo vurruckt", het de Stumpe-Schriiner döberet, „Du bringsch uns noch um Hab un Guet mit dienere Schmiererei" un debii het er e Aug zuedruckt, was soviel beditte sott wie „Gottsnamme, lehn mr de Kronewirt halt au emol gwinne." De Deifel het's welle: Uff aimol het de Seppe-Duni s'Glück verlosse; drei, vier Spieler hinterenander het er verlore un scho isch es an ihm gsi, di nägscht Runde z'bstelle. „Was isch jetz, Kronewirti, git's no ebbis oder miemer Schluß mache?", het de Meßmer kitzlet, „oder hänn er emend kai Wii meh?"

„Jetz han ich emol aine zahle welle" het de Seppe-Duni uffgnuuft, „jetz isch widder nit!"

Scho het d'Kronewirti d'Gläser nomol gfüllt gha! „So denn, daß r euer Rueh hänn - un jetz isch Schluß!" het si betont un gfrogt, ob si gli kassiere könnt!

Im Seppe-Duni isch es Angscht wore - er het wider emol kai Pfennig im Geldbeutel gha!

„S' wird zahlt wäre, Kronewirti, nur kai Angscht! De Seppe-Duni isch no nie ebberem ebbis schuldig bliebe!" het er Bscheid gäh! Un no isch es widdergange: „Cego, - Aini - e Lääri - zwei Lääri - zwei Verschiedeni!"

„O, lueg do na," sait do de Seppe-Duni uff aimol zu de Kronewirti uff de Ofe-
bank, „sit wenn hänn ihr e Senfkatz?"

„Schwätz kai Dreck", wehrt d'Kronewirti ab, „un mache, daß er jetz endlich
fertig were mit euere Spielerei!"

Aber de Seppe-Duni loßt nimmi luck: „Tatsächlich - do lueg Meßmer, du ver-
stohsch doch au ebbis vu Katze, des isch doch e Senfkatz - oder emend nit?"

De Stumpe-Schriiner merkt glii, daß de Seppe-Duni ebbis im Schild führt:
„Natürlich isch des e Senfkatz, des sieht jo e Blinde!"

„A wa, du bisch doch kai Senfkatz - du bisch doch unser Peter - gäll - jo, jo -
dä Seppe-Duni macht widder Sprüch, gäll", lobt d'Kronewirti ihren faißte Kat-
zerolli. Dä macht e Buckel und streckt de Schwanz senkrecht in d'Höchi.

Aber de Seppe-Duni git nimmi nooch: „Do dät i wette was 'r wänn, daß des e
Senfkatz isch!"

Des loßt jetz au im Kronewirt kai Rueh meh: „Ä Senfkatz, des han i miner
Dag no nie ghört! Wieso sott des e Senfkatz sii?"

„Well si Senf frißt natürlich!", expliziert de Seppe-Duni.

„A wa", meldet sich d'Kronewirti widder vu ihrer Ofebank, „unser Peter frißt
nit emol d'Miis wo er fangt, so semper isch er!"

„E Runde wett i", wird de Seppe-Duni hitzig.

„Un i wett degege", wehrt sich d'Kronewirti.

Scho kunnt si mit e me Häfeli Senf deher un de Katzerolli schwänzelt e re
hintenooch als ob er merke dät, daß er jetz glii d'Hauptperson sii wird.

De Seppe-Duni isch in sinem Element: „Kumm, Bussi, kumm, ps, ps, kumm
zu mir - joo, so isch es recht - du bisch aber emol e brave" - un schwupp, scho
het er de Katzerolli uff sinem Schooß.

Bevor di ganz Gsellschaft mitkunnt um was es do überhaupt goht, lupft de
Seppe-Duni däre Katz de Schwanz - un peng - het er e Löffel voll Senf untere-
pfefferet. Wie e Furie isch des arm Vieh devugschosse un het sich mit sinem
Senf-Fidle unter de Ofebank in Sicherheit brocht.

„Do luege", lacht de Seppe-Duni - un tatsächlich, dä Katzerolli schleckt un
schleckt dert wo's en juckt un bißt - als ob er no nie ebbis bessers z'fresse
kriegt hät als Senf.

„Was isch Kronewirti, wer het jetz di Wett gwunne", frogt de Seppe-Duni
schiinheilig, „isch es e Senfkatz oder isch es keini?"

Er isch kuum meh dezuekumme, si Vierteli-Glas leerz'trinke, so isch e Dun-
derwetter loosgange - un s'isch guet gsi, daß die drei nimmi alles ghört hänn,
was si d'Kronewirti in ihrer Wuet gheiße het.

„Du bisch doch e uuslaxierte Kaib" het de Stumpe-Schriiner uf em Heimweg glacht, un de Meßmer het sich immer no nit demit abfinde könne, daß er e Katz gsäh het, wo Senf frißt.

„I ha mr halt denkt", het de Seppe-Duni philosophiert - un debii isch em widder sin leere Geldbeutel iigfalle - „wenn de Deifel in de Not Fliege frißt, no wird doch dä Katzerolli hoffentlich au Senf fresse!"

's isch scho e Mordskerli gsi, de Seppe-Duni!

Gälle si ...!

Aprile-Wätter

Gottlob isch 'r vorbei, de Winter,
lang hämmer disjohr müeße plange,
im Garte stritte sich jetz d'Kinder -
d'Bettwesch zapplet an de Stange!

D'Sunne wärmt un loßt sich lobe,
will Land un Litt hit bsunders sägne,
's Barometer stoht ganz obe:
Noch fünf Minute fangt's a z'rägne!

Des isch e G'riss, mr sott's nit meine,
d'Kinder schlupfe unters Dach -
d'Bettwesch wanderet in d'Zaine -
's Wasser stigt im nooche Bach.

Mr muult, well's dusse dampft un tropft
un richtet sich uf Räge ii:
No wird an 's Barometer klopft:
Noch fünf Minute - Sunneschii!

Scho gumpe d'Kinder wild deher:
Nit wie nus mit euch ins Freie!
D'Sunne lacht, als ob nit wär:
Noch fünf Minute fangt's a z'schneie!

Schnell wider nii un d'Heizig aa -
do sag mr eine was 'r will:
Wottsch s'Wätter derzitt anderscht ha -
muesch warte -
        jetz isch halt April!

Vorsicht

Kunnsch in d'Johr, no wirsch es merke,
bruuchsch Medizine, um di z'stärke,
ohni Pille, ohni Tropfe,
will au 's Herz nit richtig klopfe,
de Bluetdruck - z'niedrig oder z'hooch,
d'Verdauig hinkt au hintenooch,
nit will meh richtig funktioniere,
mol isch es d'Milz un mol sin's d'Niere,
mol hesch's im Hals un mol im Kriz,
mol isch es d'Kälti, mol isch's d'Hitz,
's Läbe macht dr kuum meh Fraid,
de duesch dr langsam selber leid.
Also nimmsch halt Medizine,
Pille, Tropfe, nit wie iine,
glaubsch dra, daß es helfe duet,
scho goht's dr wider rundum guet.
Wachsch aber uff am früehe Morge,
un 's druckt di nit, hesch kaini Sorge,
de wundersch di, wie guet's dr goht -
denno paß uff - 's ka sii - bisch doot.

Martin Schley

1950 in Freiburg gebore. De Vader isch Kunstmaler gwese. Bei ihm hab i gseh, dass es möglich isch, us dem wo di bewegt ebbis z mache, wo de andere zeige Kannsch. D Mudder isch Meischdere gwese im Verzehle.

Wo i als Sozialpädagog in Mannheim e offene Bühni eigrichdet hab, bin i uf eimol selber uf de Bühni gstande.

Beim Südwestfunk Freiburg s Radio mache glernt. D Schauspiellehrerin Irmgard Kimm het gholfe, meine sprecherische un darstellerische Möglichkeide uszbilde.

Kabarettistischs Soloprogramm „Alles ganz normal" aber au immer wieder neugierig uf Zämme- arbeit, z.B. Marionettetheater „Der Drache aus dem Höllental" mit em Puppespieler Gregor Schwank, de Theatermalerin Nicole Nesch un Musik vom Uli Führe.

Im Mundartmagazin uf S4 Radio Breisgau (samstags 10–11 Uhr) einer von de Redakteur un Moderatore.

Als Radio-Kabarettist z.B. Autor un Sprecher vom Funkhaus-Hausmeister Edwin Hämmerle.

S isch e Buch doglege.

Isch e Kind kumme, het des Buch ufgschlage un het afange lese.

Uf eimol sin die Wörter verschwunde un s sin Bäum dogschdande.

S Kind isch losschbazierd. Immer diefer in Wald.

„Esse komme!", het d Mudder grufe. Uf eimol sin d Bäum verschwunde un s isch e Buch doglege.

S Kind het s Buch zugschlage.

Do sin e paar Bäum nausburzeld.

S Kind het zu de Bäum gsagt: „Bleibe ihr nur liege. Nachher kumm i wieder."

Un isch esse gange.

De Funkhaus-Hausmeischder Edwin Hämmerle sagt:

Kumm i heim. Hockt mei Klärli do un glotzt mi a. Hab i denkt „oh lätz am Bändel, hab i bschdimmt wieder ebbis falsch gmacht." Hab mi glei verdünnisiert ins Werkschdättli. Hab gsagt: „Muß gschwind no ebbis mache."
Jetz aber wie i wieder neikumm, hockt sie immer no so do. Un uf eimol hör i, wie sie leis vor sich hiseufzt. Hab i gsagt: „Klärli, was isch? Kumm, sag mer's!"
Sagt sie zerschd gar nix. Un na seufzt sie wieder.
„Klärli, kumm gib mer d Hand. Rutsch e weng her zu mer."
Het sie ganz kaldi Händ. Seufzt als: „Wie's jetz früh dunkel wird. Un neblig isch. D Blädder falle. D Blume muß mer neihole..."
Hab i gsagt: „Klärli, weisch, do hilft nur eins - s Spezialrezept vun de Großmuddi."
Na bin i gange, hab Lindeblüdetee kocht, e Fläschli Holdersaft nufgholt un heißgmacht.
E halbi Tass Lindeblüdetee un e halbi Holder.
Für's Klärli e Löffel Honig un für de Babbe e Schlückli Rum.
Langsam isch's ere wärmer wore.
Simmer bal ins Bett. Hen uns anenanderkuschelt. Un gschwitzt. Heut nacht hemmer gschwitzt wie in de Sauna. Un heut morge isch mei Klärli us em Bett ghupft, wie e Jungi. Un het vor sich hipfiffe. Ja.

Ich soll verzehle?
Mein Gott, was hab ich scho z verzehle?

Do, des Blumesträußli, des hab i kriegt. Von de Erika. Des isch für dich, het
sie gsagt. Hab's glei in des Väsli.
Des guck i jetz als a.

Spaziere bin i no gwese. Über's Brückli. An Wald. Do isch e gudi Luft.
Kummt mer immer de Herr Berger mit seim Hundli entgege.
Wenn der sei Hundli nit hätt!
Aber er isch immer fröhlich.
Des isch wichdig, daß mer immer fröhlich isch.

Radio hab i no weng ghört.
Wenn sie aldi Schlager bringe, sing i als grad mit.
Also des Blumesträußli freut mi richdig.
Des guck i jetz no weng a. Na geh i ins Neschd. Un d Erika, die kriegt au mol
e Blumesträußli von mer.

Uf S4 Radio Breisgau het's emol e „Bettmümpfeli" gebe. Dodefür hab i alltäglichi Sache schwätze losse:

Also was ich abnimm! Ich nimm jo bloß ab! Un am e schöne Dag bin i weg. Gut, also ich kann sage, daß i mei Lebe lang im Dienst vum Richdige gstande bin. Fehler usgmerzt. Mei Lebe lang. Aber wemmer na immer dünner un dünner wird! Wollte Sie e Radiergummi sei?

Wenn die mi alängt...! Des geht mr durch Mark un Bei. Die het immer kaldi Händ! Packt mi un drückt mi nunder. Faschd gwalddädig. Morgens geht des scho los. Kaum isch sie us em Bett. Wenn i doch an de Wohnzimmerdür wär! Dät i die kalde Händ nit scho am frühe Morge abkriege.
Sunschd bin i jo scho gern e Dürfall.

Menschenskinder hab i mi heut gfreut!
Normalerweis kummt er heim, langt in d Dasch, angelt mi nus un hängt mi an Hooge. Hinder d Dür. Na häng i do halt rum. Bis er wieder furt muß. Meinsch eimol hätt er dra denkt, wie ich em immer treu un brav de Dienscht verricht...? Un heut het er mi vergesse. Isch eifach gange. Het mi hänge losse. D Dür zubatscht.
Wie er wieder heimkummt un het nei welle, het er Auge gmacht. Aber do war's halt z spät.
Ich war jo am Platz. Aber wenn er mi nit mitnimmt, kann i'm au nit helfe.
Na het de Schlosser kumme müsse. Der het em na ufgmacht un des muß er jetz zahle.
Aber den Blick hättsch seh sodde, wie er mich endlich wieder in de Hand ghet het. Richdig glücklich het er guckt.

S dut eim schließlich au mol gut, wenn einer merkt, was los isch, wemmer mol nit do isch.

Isch mer au bloß e Hausschlüssel...

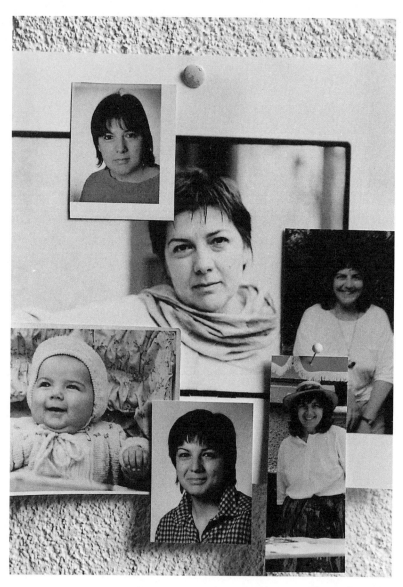

Erna Sonner

S Läbens Lauf ...
In miinere Schublade heb ich wichtigi Sache
uff. Un Gruscht, wo nur fir mich wichtig isch.
Papiiter, wo vrzelle, wo un wänn ich gebore bi,
un an, daß i ghirode ha.
Do liige d Geburtsurkunde vu miine zwei
Kinder, wo jetz keini Kinder meh sin.
In dr Zäignis schdehn nur d Note, aber
nit vum Nerveflattere vor dr Preäfunge.
Sin des wirklig miini 42 Johr Läbe ? –
Bim rumgruschtle find i allerhand :
Photo uss dr Kinderzitt,
kleini Gschenkli vu miine Kinder,
Breäf, wo ich immer liis,
wänn s mir so lila ums Härz isch,
deä schneewiß Federe, wo mir ämol ...
S kumme mr Zeddel in d Händ,
vollgschriibe mit uffghebte Gedanke.
Mol in hochditsch, un mol so, weä mr
dr kaiserschdeähler Schnabel gwachse isch.

Ä Door
un ä Schlissel
uff eimol ä Schdilli
wu dr fascht griffe kasch
dü weisch
daß d Ärde sich widderdrillt
un einewäg
ischs schdill in dir
Baim Gras Kieselschdeinli
feschdi dunkli Grabschdei
rundi weichi Sandschdei
fremdi Böächschdabe
un Nämme
wu dr nur vum vrzelle kennsch
1940
un dänno ?
s wär doch gnöä Blatz
zum Läbe
un zum Schdärbe gsi
in dir ischs schdill
zöä Schdaub verriesele
deä alde Schdei
vrdeckt vum weiche Äpaideppech
Sunnewirbili vrschdraie d Some
d Kenigskerze schdrecke sich
un in dir ischs ganz schdill
well dr weisch
dur d Gwalt
gehn soviel Läbensdraim vrlore
wänn mir des jetz vrgässe
bliebe ällei
nur no
d Nämme im Schdei

Gedanke bim Vrwiile uffem jüdische Friedhof in Eichstetten.

Goldini Hochzitt oder s Pfaarers Himmelfahrt

D Großeldere fire Goldini Hochzitt. Mit ihre Kinder, Schwiigerkinder un dr ganze Enkelschar. Mehr Litt hätte in däre kleine Schdube garnit Blatz gha. Uff där groß Dag hii hets alli Händvoll z döä gee, s isch ä läbhafts Kumme un Goh gsi.
Säller scheen Gschenkkorb, wu in dr Kammere schdoht, het dr Burgemeischder brocht. Als Gröäß vu dr Gmeind, het-er gsait. Un weä scheen daß des säi, wänn zwei Mänsche fuffzig Johr lang Freid un Leid mitnander deile.

Alli hän dr Sunndigschdaat a. Dande Rosel het sich bim Frisär Welle lege loo. Dr Unkel Heinrich het gmeint, si heb Scheermiisgäng uff-em Kopf. Un si Beärfäßlibüüch het bim Lache gwacklet. Er isch ganz schdolz druff. Dande sait aber als Schmalzranze drzöä. Manchmol isch si luschdig, un ä andermol vrdrillt si d Auge weä ä uffgregde Katzerolli. Dno weisch, was-es gschlage het! S Wetter schleet als gli um. S Richardli kunnt do nonit so richtig mit. Wäge däm isch-er leäber schdill un denkt si Sach. Un zeägt vorsichtshalber s Gnick i. Weä bim Middagesse. Do het-er enni uff d Finger greägt, wu-n-er sich het welle d Suppe iischepfe. „Zerscht kumme deä Große dra, hesch kei Aaschdand?" het si zischt. Do isch-em dr grescht Hunger gli vrgange.
„Griffe ghärig zöä, Kinder", reäft dr Großvadder iber dr Disch. „Daß Ihr groß un schdark wäre. S isch gnöä do, un wänn nit, dänno metzgemer noch gschwind ä Säili!"
S Richardli schdünt driber no, wurum s Bäsli Emma vorhin in dr Kuchi zöä dr Dande Sofi gsait het, dr Heinrich düürt si grad, well er sich allewiil ducke mööß.

Noch-em Esse isch dr Fotograf kumme. Im Hof het sich deä ganz Gsellschaft im Halbkreis um s Jubelpäärli uffgschdellt. Roti Nasezipfel gits bi däre bochligi Keldi.
„Jetz alli zöä mir herlöäge - gli kunnt s Vegili", het dr Fotograf vrschproche, bevor er unter dr schwarz Vorhang gschlupft isch.
Noch-eme Wiili het-er si Gschdellasch wiider äweggrüümt. Un s Lenili, s klei Neschtpflidderli, het afange hiile, well s Vegili nit üss sinem Vrschdeck kumme isch. Dr älder Bröäder hets gschwind dreschdet. Wänn s Möäders Augepfili nit zfriide isch, dänno het er nämlig au nit zlache. „Weisch", het-er

gliislet, „des Vegili blibt leäber dinne, suscht greägts ä kalde A...." Aber des ghärt jetz nit do här.

In dr Schdube sin deä Durgfrorene fascht in dr Kachelofe niigschlupft. Jo, un dänno isch mr halt eifach binander gsesse, un het iber des un säll gschwätzt. S Lenili isch uff ä Schdöähl glupft wore, un het derfe ä Schprichli vorsage: „I bi ä kleins Bummerli, rund un dick, un winsch am Großili un am Großvadder vill Glick!" Knicks. Göät hets des gmacht.

Dr Herr Pfaarer isch au noch kumme, un het ä paar gsalbti Sätz vu sich gee. Nadirlig isch-er zum Nachtesse iiglade wore. Des ghärt sich.

Un schpäter, wu d Kindereigli immer kleiner wore sin, un dr Pfaarer Aa-schdallte gmacht het zum Heimgoh, do het ihn Dande Rosel gfrogt, ob dr Herr Pfaarer so gfällig wär, un s Richardli mitnimmt ins Underdorf. „Wisse Sie, mr hän-ne üssquardeert, well dr üsswärtig Bsöäch in sinem Bett schlooft. S isch scho finschder dusse, un bis der Böä dert nab gloffe isch - mr macht sich halt doch Gedanke."
Hejo, s Richardli derf mitfahre. Aber am Richardli paßt des garnit. S isch zwar ä netts Schduck bis ins Dorf na. Un ä ganz, ganz klei weng grüslets ihm vor-em Nachtkrabb. Ha, säller soll nur kumme! Er het jo am Vadder si Sackmässer bi sich! Bim Autofahre wirds ihm doch immer leädrig. Un was isch, wänn i mööß ...? Je, nai, leäber dabbi dr ganz Wäg. Vor-em Pfarrer het-er meh Mooris weä vor-em Nachtkrabb. Wäge sinere blede Modi. Allewiil rupft er d Böäbe an dr Schdupfle im Gnick un sait:" Du könntsch auch mal zum Frisör!" S Ri-chardli fahrt sich mit dr Hand ibers Gnick. S git kei Üsswäg. Jetz heißts dapfer si.

Underwägs isch kei Wertli gschwätzt wore.
In dr zweitletschte Kurve, in sällere gäche, machts uff eimol wutsch, s Auto drillt sich weä ä Karüsäll un schdoht vrkehrtrum. D Schnurre zeigt d Schdroß nuff. Un s Richardli hets umnanderbischellet, daß es gmeint het, s fahrt grad met-em Herr Pfaarer in dr Himmel. Bevor där klei Kerli gwißt het, wu hinde un vorne isch, zeägt n dr Pfarrer üsse-em Auto, schiddlet ihn kurz un schdell-te uff d Feäß. „Isch dir was passiert?" frogt er barsch. Ä paar Litt schdehn um si rum. „Also," sait dr Pfaarer, „dann kannsch den Rescht laufe, s isch nimmer

weit." Un s Richardli kratzt nomol d Kurve. Un gschpiirt am Buckel noch am Pfaarer si schpitzige Zeigefinger.

In dr Nacht het-er sich im Schloof am Deckbett feschtghebt, well alles im Ringrum gsaust isch. Dr Pfaarer isch näbedra ghockt un het uff eimol Härnli am Kopf gha.

Dr Holzwurm

Mi Mann isch Handwärger mit Liib un Seel. Mit dr Seel - des weiß i jetz nit so gnau - halt mit-em ganze Härz! Mit sinem Wisse un Kenne het er uns scho villmol d Ax im Hüüs erschpart. Au wänn s eige Sach immer zletsch drakunnt. Mr sait jo nit umäsunscht, daß d Schöäschter in dr abgschlurbtschde Schöäh rumdabbe.

S wird wohl iberal s gliich si. Wänn i mol wiider lang gnöäg gfladeert ha, dno frog i als, ob-er mir ä dichtige Schriiner empfehle kennt. Enner, wu gli kunnt. Gschpirener was i mein?

Däfir bringt mr mi Mann als in sine Hoseseck ä bizzili Sägmähl heim. Daß i ebbis zum Rüsszübble ha. S kenne au ä paar Schriibli un Negili si. Do hab i deä grescht Freid, well jo des schpitzig Ziigs Lechli in dr Schdoff schdupft. Un ich derf mi wiider dra vrkinschtle. No brücht-er au nit bruddle, wänn-er gflickti Hose aazeäge möäß!

Manchmol sin au no Maßhelzli un Zeddili in sine Dasche. Ähjo Geddi, wänn ich deä vrleg! Un - neä vrgässe alli Hosedasche üsszrüüme, suscht schpinnt d Wäschmaschin. D Underlagschiibli hebt mi Mann im Geldbiddl uff. So isch wenigschtens ebbis drinne, sait-er.

Ich leg deä Fundsache brav uff si Nachtdischli. In dr schdille Hoffnig, daß er vu ällei uff d Idee kunnt, sini sibbe Zwätschge mit nüss ins Wärgschdättli z nämme. Joo - vu wäge!

Ich wott nur wisse, ob anderi Männer s Wärgziig au im Schloofzimmer rumliigeleen?

Dr Beck s Waalholz, oder ämend ä Pfüddle Deig? Dr Moler d Farbeimer, dr Mürer si Kelle? Un erscht dr Kämifäger!? Des möäß mr sich ämol vorschdelle! Uffrege döäts mi scho lang nimmi. D Hauptsach isch, d Arbet macht-em Schpaß.

Manchmol isch-er zobe so meäd, daß er grad ins Bett ghäit. Mit-em Bläi hinderem Ohr.

Eberhard Flamm

uf d Welt kumme bin i
anne 1957 z Kenzinge.
ufgwachse bin i z Wyhl
am Kaiserstuehl. Dert ha
n i schwätze un denke
glehrt. Sitscher bin i wege
nem Studium un wege nem
Beruef scho fascht in halb
Ditschland gsi. Aver denke
tue ni iewweg uf ale-
mannisch.
Wege dem tue ni au uf
alemannisch dichte.

Eberhard Peter Flamm

Wulke im Wind

Wie ne Wulke im Wind
tribt's di
mol dohi,
mol dert.

Wie ne Wulke im Wind
weisch nit
wu dr hi ghersch
un wu dr blysch.

Wie ne Wulke im Wind
bisch emol
zum Platze voll,
emol küüm no do.

Wie ne Wulke im Wind
wandlesch
dur s Lewe,
bis dr rakeisch
zum wider ufstiige.

Wirtschaftskrise

Wemmr ni tummle,
bringe mer s fertig,
aß alliwil weniger Lyt,
awil gschneller,
all meh Sache mache,
wu bal keiner meh
ka kaufe,
wel niemes meh
Arwet het.

Wu hi?

S Lewe
e Labyrinth
un dü suechsch
dr Üsgang
so lang as dr
lebsch.

Verantwortung

D Welt vu dr Kinder lehne
dr Ürwald abholze
fir Gartestiahl
uf Rom fliege
zum Pizza esse
uf Thailand zum sich
üslewe
mit em letzte Tropfe Eel
im Winter Erbele iifliege
üs Südamerika
un sage
s isch nit anderst gange!

Erntedank

E Bsuech
mit Blueme
un Praline
an Wihnechte-

im Altersheim

Waldsterwe

Wenn d Baim
jetz bal alli tot sin,
drno gits gnua Holz,
fir e Hüfe Grabkrizer.

Schwarzwald

Dr Schwarzwald
heißt „Schwarzwald",
well mer sich schwarz
ärgere kennt, aß keiner
sich drum kimmeret,
wenn er stirbt.

Dr Schwarzwald
heißt „Schwarzwald",
well mer e bal nur noch
in Schwarz ka bsuache.

Zytfrog

Siter aß es e Hüfe Maschine git,
wu fast alli Arwet vil gschneller
schaffe, wie friahjer,
het fast niemes ke Zyt meh.

Friahjohr

„Griaß di, griaß di, griaß di."
„S isch Zyt, s isch Zyt, s isch Zyt."
„Griaß di, griaß di, griaß di."
„S isch Zyt, s isch Zyt, s isch Zyt."

Pfiffe si siter hit ihr Lyt,
will si wisse jetz isch Zyt,
wu vum Winter nitmeh
iwirig blyt.

„Griaß di, griaß di, griaß di."
„S isch Zyt, s isch Zyt, s isch Zyt."
„Griaß di, griaß di, griaß di."
„S isch Zyt, s isch Zyt, s isch Zyt."

Philipp Brucker

Wägerworum

Manchi froge, wägerworum ich au
Mundart schriibe dät. Das isch
uf dr einte Sitt, will's mir
Freid macht, uf dr andere, will
d' Mundart e Stückli vun drheim
isch.
In dr Mundart chammer lache
un hüüle, un manchmol derf
mr dr Lit au d' Meinung
sage, bis si e wengili mit-em
Nochdenke anfange.

Philipp Probst

Iwerzwerch

Mir wo am Rhin wohne, mir wisse, wiä schwer's manchmol isch, riwer un niwer z'komme. Drbi bricht mr hiwe-n-un driwe numme Alemannisch babble. Schun dät's gehn. I hab do e schöns Exempel us-ere Zitt, diä wo gar nit so arg schön gsin isch. Noch-em Kriäg sin d'Franzose in unser Städtli komme un hänn alles requiriärt. Si hänn dr alt Flugplatz wider ganz gmacht, hänn ihri Soldate in d'Schuele glegt, will d'Kasern kaputt gsin isch, un hänn sich mit ihre Familljene in vieli ditschi Wohnunge ghuckt. In einere vun dr Schuele hänn si ditschi Kriägsgfangini ghet, selli wo in dr Kuchi, in dr Garage un au bi dr Fliäger uf em Flugplatz hänn schaffe miän. Manchi hänn au im Kommdant oder im Capitän sinni Wohnung butze derfe. Mit dr Zitt sin d'Offisier druf komme, daß einer vun dr Gfangene, seller wo drheim Schriiner gsin isch, schöni Sächili het bäschle könne. Also het seller Capitän Holz bsorgt un het sich e schöner Kaschte mache lehn. Denne Kaschte het'r drno nach Frankrich schaffe welle, au wenn des eigentlig vrbotte gsin isch. Er het e gueter Weg drfir gfunde. Dr Scherschantchef het denne Kaschte uf e Lastwage glade, het sich ans Steijer ghuckt un einer vun dr Gfangene drnewe. Seller Scherschantchef isch e Stroßburger gsin. Deswege hetr sich mit dem ditsche Soldat, seller wo au us unsere Gegend gsin isch, guet im Dialekt unterhalte könne.
Si sin mit-em Laschtwage uf Kehl gfahre. Kehl isch domols vun dr Franzose ganz bsetzt gsin. Iweral hänn si Stacheldroht zoge ghet un nieneds het mr e ditscher Inwohner gsehn. Iweral numme Franzose, will si des Städtli jo fir Frankrich als Fuschtpfand hänn bhalte welle.
Hinter-em Bahnhof sin si an-e Gleis gfahre, uf sellem wo e Zug mit Giäterwäge gstande-n-isch. Der Zug het nach Stroßburg abdampfe sotte. Will's kei Kontroll meh gänn het, het dr Kaschte vum Capitän do in dr Waggong miän. E französscher Iisebähnler, e französscher Schandarm, e französscher Arweiter, dr französch Scherschantchef un dr ditsch Soldat hänn dr Kaschte vum Wage glupft. Jetz in dr Waggong nin. Sellem sinni Tür isch awer nit ganz ufgange, will si vun dr Bombe noch e bissili schäpp in dr Angel ghänkt isch.
Diä fimf Männer hänn dr Kaschte noch emol ghebt un hänn gschowe. Nix do. Er isch nit ins Loch ningange. Do hänn si angfange z'spektakle.
„Il faut la prendre à l'envers!" het dr französch Iisebähnler briält. Nomol hänn si gruckt. Awer nix do.
„Nom de Dieu! Prenez la à l'envers, comme il a dit!" het dr französch Schandarm jetz briält.

„A l'envers, hop!" het jetz dr französch Arweiter gsait un het dr ditsch Soldat angluegt.

„Mais oui!" het dr französch Scherschantchef kummediärt. „Pas comme ça! A l'envers! A l'envers!"

So het jeder briält, het am Kaschte gnoddelt un het „à l'envers!" gsait.

Wo's gar nit gange-n-isch, het dr französch Schandarm e Kaiwewuet kriägt un het uf eimol briält: „Nämme-n-e iwerzwerch, gopferdammi!"

„Iwerzwerch!" het do dr französch Iisebähnler gsait un au dr französch Arweiter het gmeint, daß-es iwerzwerch gehn miäßt. „Worum hänn'r des nit glich gsait?" het dr Scherschantchef dunndert un dr ditsch Soldat het au gsait: „I mein, daß-es iwerzwerch gehn dät!"

Jetz hänn si alli lache miän, will si gmerkt hänn, daß si alli fimfi Alemanne gsin sin. Daß si dr glichlig Dialekt schwätze un daß jo alles gar nimmi iwerzwerch isch, wämmer's numme räscht anpackt.

Dr Kaschte isch gli im Waggong drinne gsin un dr Zug het abdampfe könne iwer dr Rhin nach Stroßburg. Dr französch Schandarm het dr ditsch Soldat in sinnere schlottrige Uniform gfrogt, ob'r e Sigarettli schmauche wott, un seller het sich des Stengili glich ins Gsicht gsteckt. Jetz hänn si alli zamme Sigarettli dampft und hänn sich gfreit, daß si sogar mitenander hänn babble könne.

Wo dr gfange ditsch Soldat mit sinnem Scherschantchef wider us Kehl nusgfahre-n-isch, hänn si wider durch dr Stacheldroht miän. Awer will si beidi mitenander Alemannisch babblet hänn, hänn si denne Stacheldroht gar nit gspiirt.

D'Juddebank

I bin noch e Volksschiäler gsin. Uf eimol hänn si uns gsait, daß mir mit sellem Juddebiewli in unserer Klass eigentlig nimmi schwätze derfte. Un ich bin mit-em in dr Bank ghuckt! Mr hänn uns guet vrstande. Er het mr als e Stickli vun sinnem Schoklad gänn, un ich hab-em e Epfel brocht, will diä doch drheim kei Garde ghet hänn. Mir hänn au mitenander kickt, hänn Fangerlis gspielt, un manchmol hämmer uns au vrbritscht.

Nix do, hets uf eimol g'heiße. Mit dem Juddestinker duet mr nit kicke, un bi dr Judde duet mr au nix kaufe. Sell Juddebiewli isch immer meh ins Eckli druckt wore. In dr Paus isch'r ganz vrlore un truurig uf dr Sitt gstande. Manchmol het'r ghiilt. „Jetz hiilt'r au noch", het drno einer gsait un het gmeint, do-dran könnt mr sehne, wiä d'Judde sin. 's isch e Glick gsin, daß sellem Judde-biewli sinni Eltere ball druf mit dr ganze Familli nach Amerika usgwandert sin. Do isch des fir uns vorbei gsin. Daß-es demit erscht angfange het, sell hämmer dert nit wisse könne.

Nit alli Judde us-em Städtli hänn uswandre könne. Selli wo nit vil Geld ghet hänn oder schu arg alt gsin sin, selli hänn miän dobliewe. Wiä vorher 's Biew-li in unserer Klass, so sin diä jetz in's Eckli gstellt wore. Mr het si nimmi angluegt. E mancher, der wo-ne noch vor kurzem „Guede Dag" gsait het, het jetz uf d'ander Sitt gluegt. Mr het doch in-eme Judd kei „Guede Dag" meh winsche derfe. Wo diä doch an allem schuldig gsin sin. Sogar dr liäb Jesus hänn sie an's Kriz gnagelt, het einer us unserer Klass gsait un het sich bekri-zigt. E anderer het vun sinnem Unkel vrzehlt, sellem wo seller Judd d'Kueh us-em Stall zoge het, will'r d'Zinse nimmi het zahle könne. Iwerhaupt hänn im ganze Städtli numme bravi, ehrligi, so räscht ditschi Litt gwohnt. Bloß d'-Judde, selli sin liädrig un guunerig un schlitzöhrig gsin. Uf unserer Sitt hets keine Schlitzohre meh gänn könne, will mir jo jetz fascht alli in dr Uniform gsteckt sin. Un in Uniforme stecke jo keini Schlitzohre, gell!

In sellere Zitt isch diä Gschicht bassiärt. Mitte-n-im Städtli hämmer e kleini Anlag. Des isch kei Park un au kei räschter Garde. Numme so e kleins bissili Griäns mit e paar Baim drin un-eme Eckli, wo d'Buewe kicke könne. In jedere Eck vun dere Anlag steht e Bank, demit d'Miädere sich usruehe oder d'alde Littli uf-em Heimweg us dr Stadt e bissili uspfuuse könne.

Uf sellere einde Bank isch an sellem Nommidag, wo d'Buewe-n-im Eckli kickt hänn, uf eimol dr alt Judd ghuckt. Sunscht het'r sich jo nimmi us-em Hus

traut. Jetz awer hänn d'Vögel so schön tiriliärt, d'Sunn het uf eimol so warm
geschiine, und 's isch alles so friedlig gsin. Do het'r sich nustraut un het sich e
bissili uf selli Bank ghuckt. 'r het d'Auge zuegmacht un het d'Sunn uf sin
runzligs Gsicht schiine lehn. Wer weiß, was'r denkt oder vun was'r traimt het.
Uf eimol het einer vun selle Buewe bim Kicke dr alt Judd uf dr Bank gsehn.
„Dr alt Judd huckt uf dr Bank", het'r zu sinne Kamerädli gsait. Selli hänn
riäwig widerschtkickt. Des het denne Bue pfupfert. „Des derf der doch gar nit.
Unser Lehrer het gsait, d'Judde derfe im Park nieneds hinhucke!" het dr Bue
expliziärt. In dem Moment isch dr Bolizischt d'Stroß doherkomme. Dr Bue
het mit-em Kicke ufghört un isch zum Bolizischt grennt. „Herr Bolizischt!"
het'r gsait un het niwer uf d'Bank ditte. „Herr Bolizischt! Dert uf dr Bank
huckt dr alt Judd!"
Dr Bolizischt het nit drgliche don. 'r het niwer zum alte Judd gluegt, het mit
dr Schultere zuckt un het wider schnell wegguckt. Awer dr Bue het nit luck
glehn. „Des derf der doch nit, des isch fir Judde vrbotte!" het'r zum Bolizischt
gsait. Seller hets villicht mit dr Angscht z'duen kriägt. Mr het jo nit wisse
könne, wo des Biewli herkommt un was-es drheim iwer dr Bolizischt un dem
sinni Uffassunge vrzehlt. Deswege het dr Bolizischt sin Koppel mit beide
Händ e bissili am Buch nufgschowe un isch nuf zue sellere Bank mit-em alte
Judd. 'r het vor-em Judd salutiärt, daß seller ganz zammezuckt isch. Het'r
wisse könne, was jetz lanzt? Irgendebbis, was mr nit ghört het, het dr Boli-
zischt zum alte Judd gsait. Seller isch ufgstande un isch ganz langsam un miäd
us dr Anlag nus un heimzue däppelt. Dr Bolizischt het-em noch nochgluegt,
bis'r um's Eckli vrschwunde gsin isch. Drno het'r dr leer Bank dr Rucke zue-
drillt un isch au sinnes Wegs gange.
D'Buewe hänn längscht widerschtkickt, un keiner het meh an dr alt Judd
denkt. Was het mr sich domols au Gedanke iwer e Judd gmacht. Schun gar nit
iwer e alter, seller wo uf-ere Bank huckt, uf dere wo-n-r gar nit het hucke derfe.
Manchmol, wenn i hitzedags durch selli klein Anlag geh, lueg i niwer zue sel-
lere Bank. Si steht meischtens leer im Eckli vun dem bissili Griän. I blib stehn
un denk iwer uns noch.
I weiß, daß seller Bue vun selle Kicker, seller wo domols dr Bolizischt zum alte
Judd an d'Bank gschickt het, nimmi us Russland heimkomme-n-isch. Dr alt
Judd isch au niemeh uf dr Bank in dr Sunn ghuckt. Si hänn-e nämlig bal druff
mit der letschte Judde, diä wo noch im Städtli gsin sin, abgholt. Noch em
Kriäg hämmer ghört, daß'r au umbrocht wore-n-isch.

I trau mi nit, uf selli Bank z'hucke. I lueg si numme an. I weiß, daß i nit dran-lange derf, will mr au an sonige Erinnerunge vrbrenne kann. Bi sellere Bank mit sellem alte Judd het nämlig ebbis angfange, was mir domols gar nit hänn sehne könne un was mir später lang nit hänn glauwe welle. Selli Bank steht noch do. Si isch e Zeiche mitten-im Griän vum Summer, mitten-im Singe vun dr Vögel un in dr guede Wärmi vun dr Sunn, selli wo immer noch iwer alli schiint.

Aus: *Schlaudrikauz.* Lahr: Verlag Moritz Schauenburg, 1987

Wendelinus Wurth

immer wider
widerwerter
in d werkersee
drinikeje
welle mache
welle schlage

d tuub steht im wasser
kaan sich gar nit satt trinke
am gspiegelte bild

heersch d räängetropfe
uf de sängesselbletter
spile si klavier

ringle an ringle
un ringle in ringle räängt
de räänge in see

unser fliß

mit fliß
mache mr
d welt kaputt

fir passletuun
un zum pläsier

grad zleid
un bloß zum posse

mit aller
gwalt

kriege
mir si

nimm ganz

mulful

mir heere s gern
we-mr uns sait
ihr sin mindig

s mul ufmache
un vebrenne
tuet niemer gern

so le-mr s uns
gern vegolde
unser schwiige un

werre heerig

durichdringe

du un ich
jeder fir sich
zwei wasserstrahle
wu sich sammle im hafe
un welle schlage
sich durichdringe
ich un du

un
mensche
un
länder

zwische
in un us
steht
un
zwische
in un us
länder
sten
un
mensche

Otmar Schnurr

De Othmar Schnurr, also das bin ich, sich
am 17. Mai 1946 in Achern uf d Welt kommen,
um zwar in kronkehus. Awer ich bin kei
Acherner, ich bin en Oddehöfner, in Odde-
hofe im Achertal bin i, ufgewachse im ofange
an in d Schuel gange.
Noch de vierte Klass het mer mich ufs Gim-
nasium geschickt un dert hab ich no s
Abidur gmacht. Nochem Abidur hab ich in
Freiburg schdudiered, un zwar die Fächer
katholische Theologie, Psychologie, Latein
un Deutsch. In Theologie hab ich s Diplom
gmacht un bin no Religionslehrer an de
Berufsschuel wore, un das bin i het no.
Ich bin an de kaufmännische Berufsschuel
in Achern un fiehl mich dert racht wohl.
Erschd 1988 hab ich ofange, in Hundart
in schreiwe, vorher hab ich e boor Biacher
in Hochdütsch gschriewe.
Sitter 1988 schrieb ich alli vierzehn Dag inne
kleine Zeidung, "Acherdäler" heißt sie,
e Gschichd unter dem Pseudonym "Nepo-
munk de Bruddler". Die kropfig Zeidung
kommt ei Mol in de Woch rus. Us dene
bisher gschrie wene Gschichde isch vor
zwei johr e Buech wore mit dem Titel:
"Nepomunk de Bruddler. Solang i bruddel,
läb i no". Iwrigens: verheirathed bin i,
zwei Kinder hab i, awer sunscht gaht's
mer gued.
Oddehöfe, 28. i. 1996   Othmar Schnurr

Us minem Tagebuech

Motto: Zit gäht rum, ändere dued sich nix, bloß wurd alles liadriger.

Elfder Juli

Daß jetz Summerferie sin, dodevu ha ich net viel. Wemr Schialer oder Lährer wär, no wär des ebs onders. Fir uns normal Schderblichi isch de Juli un de Auguschd ä bsunders schwäri Zit, do falle nämlig Kurgäschd iwer unsri Gegend her, wie d'Haischregge iwer Israel hergfalle sin friager. Vun iwerall her komme sie. Un worum komme sie? Wil mir ä Lufdkurort sin un sie sich do d'Lunge vollbumbe kinne mit gsunder Lufd. Bloß unsri Bäum verdrage die Lufd komischerwies nimmi so rächd. Wenn d'Infasion vun de Kurgäschd schdaddfindet, no bisch als Iheimischer im eigene Dorf nur no en Fremder.

Vierzehnder Juli

D'Kurgäschd sin so ä Art Besatzungsmacht, sie reagiere uf alle Ewene. Gähsch morgens zum Ikaufe, no hörsch in de Läde nur no fremdi Schproche. Un was mi om meischde ärgerd, isch, daß sie so vornehm mache, daß mer grad glauwe kinnt, sie wäre ebs Bsunders. Deheim fresse sie wahrschinlig des ugsunde Zeigs us de Konserfedose vum Supermarkt, un bi uns froge sie, mit was fir Holz de Schwarzwälder Schpeck graichert sei. Bim Orlemonn im Lade het hit morge eini om Brot rumdobt, un no het sie sich no erkundigt, wie hoch de Schnapsgehalt vun de Schwarzwälder Kirschtort sei.

Achzehnder Juli

Bi uns wär alles original un ruschdikal, behaupde die Berufsalemanne in unserm Dorf. Des mit de Originale, de isch so ä Sach. Wenn de gschdorwe bisch, wil din Lewer nimm het welle, un wenn dini Kinder d'Suffschulde zahlt hen, no gäht's nimmi long, bis sie sage, du seisch ä Original gsi.

Zwonzigschder Juli

Hit nommidag bin i om Tennisplatz vorbeikumme. No hab i ä Wili zueguckt, wil vier Fraue Tennis gschbielt hen. Alli vieri sin schu Omas, awer sie schbiele Tennis in kurze wisse Röckli. Hit sin d'Omas halt nimmi alt un abgschaffd.

Dodefir hen d'Omas friager noch Gschiichde verzehle un Epfel schäle kinne. Hit sin d'Omas brun un hen ä lädrigi Hutt vum Solarium. Un ihri Enkeli kinne sie nimmi uf de Arm nemme, wil sie underm Tennisarm liede.

Zweiezwonzigscher Juli

Hit nommidag bin i om Schwimmbad verbeigfahre. In dere Zit, wo rächdi Lit schaffe miasse, leit des Urlaubsvolk im Schwimmbad rum. Do laufe Fraue rum im Bikini, die däde om beschde verhillt bis zum Hals rumlaufe. Des isch so ä Art Dschät-Sät fir Gwähnligi. Was so en Bikinibendel monchmol hewe mueß, des verlongt schu ditschi Wertarbeit.

Fünfezwonzigschder Juli

Jedes Wocheend isch zur Zit ä Feschd. 's git Feschdli aller Art. Un wenn grad kei Verein feiert, no feiert ä Schdroß. Jeder, wo Geld bruchd, macht ä Feschd. Debii isches uf jedem Feschd 's Glichlige: Abgschdondes Bier, feddigi Wirschd, verkohlti Schdehks, tropfendi Schälrippli, madschigi Pomm-Fritz, bäbbigi Bluna fir d'Kinder un vor allem aggressivi Wefze, wo die faschd fresse. De Kinder muesch schdändig de Sempf vum Mul abbutze, Wefze muesch dodschlage, mit Sempf verschmierdi Babbedeggl under de Disch werfe, om Nommidag schwitzsch in de pralle Sunn un om Obend friers di. Tobendi Kinder, schimpfendi Miader un bsoffeni Männer, des isch ä Feschd, do konnsch nix degege sage.

Achder Auguschd

's het jetz Gott sei Donk nochglosse mit de Kurgäschd. Awer die meischde komme im nägschde Johr widder. Wil, wenn de zehn Mol do warsch, no bekummsch vum Burgermeischder eigehändig ä Zinndeller in d'Hond druggd. Un des wertvolle Schdick will sich jo niemer durch d'Lappe gih losse.

Zehnder Auguschd

D'ledschd Woch war iwrigens einer vun dene firchderliche Heimatobende. Do wurd de Fremde weisgmacht, daß unsri Vorfahre nix onders gmacht hen wie donzt, Musik gmacht, Schpeck gveschbert un Schnaps gsoffe.

Elfder Auguschd

Om schiinschde wärs uf de Welt, wenns kei Mensche un kei Kurgäschd gäb.
Awer de konnsch der d'Welt jo net russueche.

's funktioniert schinbar nur bi ondere

Jetz, wo d'Advenzzit kommt, wurd's deheim widder heimelig, wemer de Lit glauwe konn. Jetz hocke d'Fomilje widder zomme un singe un schbiele un verzehle un schwätze mitenoner un mache Husmusik un sin wohnsinnig glicklich, wemer de Lit glauwe konn. Un jede Sundig wurd ä Kerzli mäh ozindet, un de Duft vun Donneriesig ziagt durch d' Wohnung, un's git nix Schiiners, wemer de Lit glauwe konn. Un in dere Zit, do bruchd mer kei Fernseh un kei Video un nix, sage d' Lit.

Im ledschde Johr, wo's Advent wore isch, hab' ich des au ämol erläwe welle, un ich frog mich, worum des bi alle ondere klappt un nur bi mir net. Bi uns deheim het eifach kei Schdimmung ufkomme welle, obwohl ich mir d' gröschd Müh' gäh hab'. Om Somschdiobend vorem erschde Advenzsundig het's losgieh solle. Min Frau het gsait, sie miaßt zerschd noch d' Kuchi ufrumme, awer sie käm', sobal sie ferdig wär. Ich setz mich ufs Sofa un ruef de Kinder. Die zwei komme un froge, was los sei. Advent sei, sag' ich. Advent sei jedes Johr, sage sie. Ich hätt' bschlosse, sag' ich, daß bi uns in de Fomilje in dem Johr de Advent gfeiert wäre däd. Ob ich des net au alleinig mache kinnt, froge sie.

So licht hab' ich mich net us de Fassung bringe losse. Do sitze mol her on de Disch, sag' ich. Die zwei gugge sich so komisch o, awer sie sitze no. Advent, sag' ich, isch ä Zit der Erwardung, un in der Erwardung von Wihnachde, wo des wirkliche Liachd in d'Welt komme isch, dued mer im Advent jede Sundig ä Liachd mäh ozinde, so daß es jede Sundig ä bissli heller wurd. Worum mer do Kerze nemme däd, sait de Suhn, mer kinnt doch im Wohnzimmer jede Sundi de Dimmer ä bissli ufdrille, no däds au heller wäre. Kerzeliachd isch awer ä lebendig's Liachd, sag' ich.

Uf jeden Fall hab' ich no 's erschde Liachd ozindet. Un wo ich om Ozinde bin, sait min Dochder uf so ä spöttischi Ard: Advent, Advent ein Lichtlein brennt. Un de Bue macht witer un sait: Und wenn das fünfte Lichtlein brennt, dann hast du Weihnachten verpennt. Dodurch hab' ich mich awer net ussem Konzept bringe losse. Also Kinder, sag' ich, des laufd hit Obend so: Zerschd lies ich eich ä Gschichd vor, no singe mer ä Lied un no schbiele mer „Mensch, ärgere dich nicht". D' Dochder rollt d' Auge, wo i des sag', un de Suhn sait, im Fernsehe däd ä Weschdern komme, un singe kinnte mer au no morge. Un usserdem däd des wahrschinlig komisch klinge, wenn mir drei singe däde. Er sei jo wege dauerndem Falschsinge ussem Schuelchor nusgfloge, sin Schweschder kinnt de Ton net halde un ich, de Vadder, hätt ledschd Johr on Wihnachde underm Krischdbaum bim „Schdille Nachd" alli drusbrochd. D'einzig, wo in unserer Fomilje singe kinnt, sei d' Mueder un die däd in de Kuchi grad ä Kueche backe, wilere iegfalle sei, daß ihr Schweschder morge käm.

Awer no bin i massif wore. Jetz lies ich die Advenzgschichd vor, sag' ich, un no wurd gsunge un no wurd gschbielt. Des wär' doch glachd, sag' ich, wenn bi uns kei Advenzschdimmung ufkomme däd. Konnsch jo ä Polonäs mache, sait de Suhn, no hesch din Schdimmung. Noch ein Word, sag ich, no wurd's hit schu Wihnachde, nämlig no long ich dir eini, daß de Schdernli siehsch un d' Engeli singe hörsch, du frecher Kaib. Wahrschinlig hätt' i gar nix sage, sondern ihm glich eini longe solle.

Ich hab' min Gschichd vorgläse, d' Dochder het gähnt und de Suhn het Wachsbölleli drillt un underm Disch sin Schweschder drädde. Des Lied „Wir sagen euch an den lieben Advent" hemer gar net gsunge, wil noch de Gschichd war die Advenzfeier verbei, ich hab nämlich beide eini gschmiert. Sie hen net ämol plärrt un ich hab' gmaint, ich hätt' sie denoch dusse im Gong kichere höre.
Worum het des jetz usgrechend bi mir net klappt un bi alle ondere klappt's? Bi alle isch d' Advenzzit ä wunderschiini Zit, wemer de Lit glauwe konn.

Bio-bibliographische Notizen

Johanna Plähn, das ist Helga Rüdiger

Dr.-Onymus-Straße 12, 97080 Würzburg, Telephon: 0931/92529
Beiträge in Anthologien. *Mehrwertgedanken.* 1992; *Wortsteine.* 1994; *Federlese.* 1996, Alle
Würzburg: „Club der lebenden Dichter", Arbeitskreis der Katholischen Hochschulgemeinde.
Mitglied im Verein Signatur in Lindau.

Hanspeter Wieland

Bachstraße 3, 88090 Immenstaad
Geboren 1948 in Radolfzell; lebt in Immenstaad am Bodensee
Lyrik, Essays. Verstreute Veröffentlichungen.
Bappele hinterefier. Gutach: Drey-Verlag, 1995.
Einige Preise und Stipendien, darunter 1992 Förderpreis der Stadt Friedrichshafen.

Thomas Burth

Theresienstraße 8, 79618 Rheinfelden, Telephon: 07623/50219
geboren 1934 in Radolfzell. Über Bankholzen/Höri und Schopfheim kam er nach Rheinfelden-
Minseln, wo er heute lebt. Pensionierter Kaufmann.
Kläne Bildle. Hans Lämmer-Verlag, 1976; *D Blechhirte.* Weihnachtshörspiel, SDR 1977;
Gschwätzt wie gmolet. Südkurier-Buchverlag, 1980; *Gedanke uf Reise.* Südkurier-Buchverlag,
1984; *Gschwätzt wie gmolet.* Tonkassette, Radio Antenne 3; *Uf em Weg.* Privatdruck, 1990; *Ohne
Kaution auf freiem Fuß.* Privatdruck, 1990; *Mit Wurzeln und mit Flügeln.* Art & Grafik-Verlag,
1992; *Lapislazuli und Blässure.* Südverlag, 1993.

Klaus Dieter Reichert

Möhringerstraße 7, 71144 Steinenbronn
Beiträge in Anthologien und Zeitschriften.
Wit it? Radolfzell: Edition Löwengasse, 1984; *wunderfitz un alefanz.* Radolfzell: Edition Löwen-
gasse, 1993.
1993 1. Preis beim Mundart-Nochwuchswettbewerb vo 9 bis 99 der Muettersproch-Gsellschaft.
Mitglied in der Mundartgesellschaft Württemberg.

Bruno Epple

Wangen, 78377 Öhningen, Telephon: 07735/2095.
geboren 1931 in Rielasingen. Jugend in Radolfzell. Unterrichtete dort am Gymnasium Deutsch,
Geschichte und Französisch, 1972 Gymnasialprofessor, 1989 beurlaubt vom Schuldienst. Lebt als
Maler und Schriftsteller in Wangen auf der Höri.
Dinne un dusse. Konstanz: Rosgarten, 1967; *reit ritterle reit.* Konstanz: Stadler, 1979; *Wosches.*

Konstanz: Verlag des Südkurier, Band I 1980, Band II 1981, Band III 1983; *Doo woni woon*. Frauenfeld: Huber, 1996; *Hirtenweihnacht*. Radolfzell: Uhl, 1973; *Ein Konstanzer Totentanz*. Manuskript 1982.
Bodensee-Literaturpreis der Stadt Überlingen 1991.
Mitglied des deutsch-schweizerischen PEN.

Rosemarie Banholzer

Wallgutstraße 19, 78462 Konstanz, Telephon: 07531/25440
In zwei Anthologien vertreten.
100 und no meh. Eigenverlag, 1980; *Ein Blatt im Wind*. Eigenverlag, 1982; *Des un sell*. Eigenverlag, 1982; *Nämme wie's kunnt*. Eigenverlag, 1984; *Wenn's weihnachtet*. Band I. Konstanz: Verlag des Südkurier, 1985; *Glacht un sinniert*. Eigenverlag, 1988; *Gschenkte Zit*. Konstanz: Bahn-Verlag, 1989; *Mir Leit vu heit*. Konstanz: Südkurier-Buchverlag, 1991; *Wenn de Evangelischt Lukas alemannisch gschwätzt het*. Stockach: Weidling-Verlag, 1992; *Vu nint kunnt nint*. Eigenverlag, 1994; *Wenn 's weihnachtet*. Band II. Eigenverlag, 1994; *Hans Huckebein*. Nach Wilhelm Busch ins Alemannische übertragen, 1996.
Mitglied im Internationalen Bodensee-Club Konstanz-Kreuzlingen.

Hans Flügel

Rathenaustraße 1, 78224 Singen, Telephon: 07731/41626
geboren in Singen. Speditionskaufmann.
Zwölf Theaterstücke und Sketche (Beim Bund Heimat und Volksleben, Denzlingen).
Sunneschii und Regeböge. Konstanz: Südkurier-Buchverlag, 1982; *Me isch au nu en Mensch*. Konstanz: Südkurier-Buchverlag, 1985. *We d Singemer früehner gschwätzt hond*. Singen: Verein für Geschichte des Hegaus, 1995.
1991 Johann-Peter-Hebel-Medaille der Muettersproch-Gsellschaft Singen. 1995 Anerkennungsmedaille des Kulturförderkreises des City-Rings Singen.

Stefan Graf

Sonnenweg 4/1, 79276 Reute, Telephon: 07641/49415
geboren 1958 in Singen. Seit 1989 mit Frau und zwei Kindern im Breisgau. Arzt.
Kurzgeschichten und Gedichte in Jahrbüchern und Anthologien.
Uf leise Füeß. Schallplatte 1984.
1984 Preis Junge Mundart. 1989 Preis beim Isteiner Klotz-Wettbewerb.

Gerhard Jung

Obermattweg 11, 79540 Lörrach, Telephon: 07621/45100
Alemannische Gedichtbände: *D'Heimet uf em Wald*. 1960, *Schmecksch de Brägel*. 1966; *Bettmümpfeli*. 1971; *Wo ane gohsch?* 1973; *Rutsch e bizzeli nöcher*. 1977; *Uf de Schwelle*. 1980; *Proscht Gürgeli*. 1983; *E Flämmli glüeht*. 1987; *Souvenierli us em Schwarzwald*. 1991; *Rutsch no ne bizzeli nöcher*. 1992; *Mit e me Bleistiftstümpli*. 1995; *Herrgott isch des schön*. 1996. Alle

Lahr: Moritz Schauenburg; *Wurzle un Blatt*. Olten: Matheson, 1968; *Loset, wie wär s?* Kehl: Morstadt, 1983; *Seifiblodere*. Karlsruhe: Badenia, 1995.
Schriftdeutsche Gedichte: *Sonnenwende*. Lahr: Moritz Schauenburg, 1985.
Bild-Textbände: *Im Wandel der Jahreszeiten - Breisgau-Hochschwarzwald*. 1986; *Im Schwarzwälder Herrgottswinkel: das obere Wiesental*. 1989; *Im Belchenwind: das mittlere und das kleinere Wiesental*. 1993. Alle Freiburg: Otto Kehrer.
Tonträger: *Alles was schön isch*. Schallplatte, 1976; *Rutsch e bizzeli nöcher*. Musikkassette. 1986, beide im Selbstverlag; *Schwarzwälder Buuremess*. Vertont von Hermann Egner. Karlsruhe: Musikverlag Bauer, 1986; *Vater, wir kommen in dein Haus*. Kindermesse vertont von Hermann Egner. Freiburg: Musikverlag Schulz.
Über 60 kleinere und mittlere Mundartspiele sowie elf große Freilichtspiele.
Johann-Peter-Hebel-Gedenkplakette 1973, Hebelpreis 1974, Oberrheinischer Kulturpreis 1983, baden-württembergischer Volkstheaterpreis und viele weitere Auszeichnungen.

Sophia Bauer
Fridolin-Wissler-Straße 10, 79674 Todtnau, Telephon: 07671/468
geboren 1942 in Istanbul, Religionslehrerin in Todtnau und Zell, verheiratet, vier Töchter.
1990 Rollwagenpreis des Süddeutschen Rundfunks.

Roland Lederle
Sonnhalde 40a, 79674 Todtnau, Telephon: 07671/8150
24 Stücke für Jugendliche und Erwachsene. *Aitern. Die Geschichte einer kleinen Schwarzwaldgemeinde*. Aitern: Schuldruckerei, 1961. *Bei uns daheim*. Aitern: Schuldruckerei, 1967; *Wo mr amig no mitenand in d Schuel gange sin*. Im Selbstverlag, 1992; *E paar Hampfle voll*. Weil: Resin, 1996.
Mehrere Preise für die Mundartstücke.

Werner Richter
Hebelstraße 6, 79639 Grenzach-Wyhlen, Telephon: 07624/5965
Etwa 30 Einakter und lustige Sketche.
Hornfelsenwind.; Erdguu.; E Armvoll Freud.; Früsch vom Faß.; Heiter bis bewölkt.; Jetz hauts mi um.; Morn fangi aa. Alle Lahr: Verlag Moritz Schauenburg; *Ohä Liisi, ohä latz*. Lahr: Verlag Moritz Schauenburg, 1995; *Jetz schloots 13.; Heimeligi Churzwiil*. Beide im Selbstverlag.
Mitglied im Hebelbund, in der Hermann-Burte-Gesellschaft und im Schwarzwaldverein.
1987 Hebelplakette der Gemeinde Hausen. Zwei Preise für Mundarttheaterstücke. Ehrennadel des Landes Baden-Württemberg für Verdienste im Ehrenamt.

Inge Tenz
Reichensteiner Straße 10, 79541 Lörrach, Telephon: 07621/949692
lebt in Lörrach-Brombach.
Arbeiten verstreut in Anthologien.

Purzelbäum un wildi Träum. Lahr: Verlag Moritz Schauenburg, 1996.
1984 1. Preis des Arbeitskreises Rauschmittel Lörrach. 1994 1. Preis der Landeszentrale für politische Bildung Stuttgart.

Markus Manfred Jung

Enkendorfstraße 4, 79664 Wehr, Telephon: 07762 /4709
geboren 1954 in Zell im Wiesental, aufgewachsen in Lörrach. Studium von Germanistik, Skandinavistik, Philosophie und Sport in Freiburg und Oslo (Norwegen). Gymnasiallehrer, verheiratet, drei Kinder.
rägesuur. Eggingen: Edition Isele, 1986; *halbwertsziit.* Waldkirch: Waldkircher Verlag: 1989; *hexenoodle.* Waldkirch: Waldkircher Verlag: 1993; *D Hailiecher* (Herausgeber). Kehl: Morstadt, 1987; *Norwegen.* Text-Bildband. Freiburg: Verlag Herder, 1992; *E himmlischi Unterhaltig.* Gutach: Drey-Verlag, 1995. Gedichte wurden übersetzt ins Norwegische, Rumänische, Italienische und in die romagnolische Mundart. Über den Autor: In Gerhard Kaiser: *Geschichte der deutschen Lyrik von Heine bis zur Gegenwart.* Frankfurt: Suhrkamp, 1991.
Mitglied im VS, IDI (Internationales Dialektinstitut, Innsbruck) und im LiteraturForum Südwest Freiburg. Mitorganisator der Mund-Art Literatur-Werkstatt Schopfheim. Im Landesvorstand des VS.
Einige Auszeichnungen und Preise, zuletzt Mundartlyrikpreis der Nathan-Katz-Gesellschaft im Elsaß.

Uli Führe

Am Rainhof 21, 79199 Kirchzarten, Telephon: 07661/3030
I will nit. Schallplatte, 1980; *Chrutt unter der Hutt.* Schallplatte, 1982; *D'Gränze chasch vergässe.* Schallplatte, 1984; *Arie Nr. 9.* Musikkassette, 1988; *Mein Mutter, sie hat mich verwunschen.* Musikkassette, 1989; *Hallo Django.* Fidula-Verlag, 1989; *Oh Susanna.* Fidula-Verlag, 1991; *Der schwangere Ratsherr.* Lahr: Verlag Moritz Schauenburg, 1991; *Jazz & Latin.* Fidula-Verlag, 1992; *Chlungi Halunki.* CD, 1992; *Mammon und Fantasie.* Stuttgart: Klett, 1992; *Der Bär auf dem Försterball.* Klett, 1994, *Mobo Djudju.* Fidula-Verlag, 1996. Außerdem sechs Kassetten mit Kinderliedern; Prosa und Lyrik in Anthologien; Lieder in Schulbüchern.
Preis des Regierungspräsidiums Freiburg. Kleinkunstpreis des Landes Baden-Württemberg.

Magnus Kaiser

Brandbergweg 2, 76275 Ettlingen, Telephon: 07243/20286
geboren 1964 in Waldshut, aufgewachsen auf dem Hotzenwald und im Wiesental, Studium der Physik in Freiburg, juristisches Zusatzstudium in Mannheim und München, lebt mit Familie (zwei Kinder) in Ettlingen, arbeitet freiberuflich als Patentanwalt.
Beiträge in *D Hailiecher.* Kehl: Morstadt, 1987, *Mei Sprooch - dei Red.* Bühl: Konkordia, 1989, *Alemannische Gedichte von Hebel bis heute.* Waldkirch: Waldkircher Verlag, 1989, *Mol badisch, mol schwäbisch.* Karlsruhe: Badenia, 1990 und *Cintece de la izvorul dunarii.* Bukarest: V-V-press, 1991. *Im graue Morge* (mit Johannes Kaiser). Musikkassette. Im Selbstverlag, 1990.

Johannes Kaiser

Weiherstraße 12/1, 78050 Villingen, Telephon: 07721/28123
geboren 1958 in Lörrach, aufgewachsen auf dem Hotzenwald und im Wiesental, Studium der Germanistik und Katholischen Theologie in Freiburg, seit 1986 Privatschullehrer in Villingen, verheiratet, zwei Töchter.
Sachbücher und wissenschaftliche Beiträge; Gedichte und Prosa in Anthologien.
Singe vo dir und Abraxas. Lahr: Moritz Schauenburg, 1980; *Chaschber si Chind*. Bund Heimat und Volksleben Denzlingen, 1981; *Wasserspiele*. Hörspiel. Südwestfunk: Freiburg, 1982; *Autobahn A 98*. Hörspiel (mit Uli Führe). Südwestfunk: Freiburg, 1982; *Heimweh deheim*. Eggingen: Edition Klaus Isele, 1989; *Im graue Morge*. Musikkassette mit Magnus Kaiser. Selbstverlag, 1990; *Dote Danz*. Selbstverlag, 1993; *Johannes Kaiser liest alemannische Texte*. Kassette, Selbstverlag, 1994.
Mitglied im VS.
1976 1. Preis beim Wettbewerb Junge Mundart des alemannischen Gesprächskreises im Regierungspräsidium Freiburg. 1982 Auswahlliste des baden-württembergischen Autorenpreises der Arbeitsgemeinschaft für das Kinder und Jugendtheater. 1985 1. Preise für Lyrik und Prosa, 2. Preis für Lieder beim Wettbewerb Junge Mundart des Arbeitskreises Alemannische Heimat, Freiburg. 1996 Nominierung für den Publikumspreis des Münchner Literaturbüros. Preise bei Wettbewerben des Landespavillions Baden-Württemberg, der Stuttgarter Nachrichten, des AStA der Universität Freiburg und beim Isteiner-Klotz-Wettbewerb.

Bettina Obrecht

Kiesstraße 60, 64283 Darmstadt, Telephon: 06151/422843
geboren 1964 in Lörrach, aufgewachsen in Weil, Englisch- und Spanisch-Studium in Heidelberg, lebt heute als freie Autorin und Übersetzerin in Darmstadt.
Kurzhörspiele, Funkerzählungen und Features. *Meeraugen*. Stuttgart: edition Solitude, 1991; *Manons Oma*. 1994; *Jonas läßt sich scheiden*. 1995; *Anna wünscht sich einen Hund*. 1995; *Hier wohnt Gustav*. 1996; *Briefe nach Amerika*. 1996; Alle Hamburg: Friedrich Oetinger.
1. Preis bei Jugend schreibt. 1. Preis Oberrheinischer Rollwagen. Stipendium für Literatur der Akademie Schloß Solitude Stuttgart; Auswahl Arnsberger Preis für Junge Prosa.

Werner Ohm

Gleiwitzer Weg 14, 79576 Weil, Telephon: 07621/72759
Dachwürzeli. Weil: Resin, 1986; *Schneeglöckli*. Binzen: Resin, 1991; *Heimet, Muedersproch un Wii*. Binzen: Resin, 1995.
1983 Preis im Limerick-Wettbewerb des Südwestfunks.

Margret Brombacher

Spittelrain 12, 79588 Egringen, Telephon: 07628/1424
Alemannische Lieder. Musikkassette, 1989; *grad use*. Musikkassette, 1990; *Zeig mir Blueme*. CD, 1991; *Schmetterlinge*. CD, 1995.

1990 2. Preis Landeszentrale Politische Bildung Stuttgart. 1991 1. Preis Landeszentrale Politische Bildung Stuttgart - Europawettbewerb. 1994 Sonderpreis im Wettbewerb von 9 bis 99 der Muettersproch-Gsellschaft.
Mitglied im Hebelbund.

Heinz Reiff

Tumringer Straße 10, 79595 Rümmingen, Telephon: 07621/18943
Zwischen Kernholz und Rinde. Rümmingen: Daniela Reiff-Verlag, 1987.

Liesel Meier

Bürglerstraße 14, 79400 Kandern-Feuerbach, Telephon: 07626/7256
Ä Huusfrau un sunscht nüt. 1989; *Ä chlei weng mehr as nüt.* 1991; *Ä ganze Huffe Sprüch.* 1993, alle im Eigenverlag.

Christa Heimann-Buß

Ölmättle 7, 79400 Kandern, Telephon: 07626/1602
Herztröpfli. Binzen: Resin, 1992; *Fotzel-Schnitte.* Binzen: Resin, 1995.
Mitglied im Hebelbund.

Günter Wagner

Buck 5, 79429 Malsburg-Marzell, Telephon: 07626/7646
1929 in Vogelbach (Malsburg-Marzell) geboren und dort aufgewachsen. Schreinerlehre in Kandern. Arbeit als Schreiner bis zur Rente 1992 und als Landwirt („Schattlochbuur") bis heute. Verheiratet, zwei Töchter und ein Sohn. Veranstalter des Marzeller „Nußobe".
Ruuchi Bolle. Eigenverlag, 1986; *Einsame Wege.* Eigenverlag, 1990.

Mario Fitterer

Sonnhalde 11, 79215 Biederbach, Telephon: 07682/67263
Schreibt Lyrik, Prosa und Essays über Haiku. *Der Skilehrer warnt Schatten weiterzuwachsen.* Denzlingen, Selbstverlag, 1990; *Schonung in Schwarzhalden.* Göttingen, Graphikum Verlag, 1990; *der springende stein. Haiku und ein Dialog.* Denzlingen: Mafora-Verlag, 1993; *klingendes licht.* Biederbach: Mafora Verlag, 1996.

Werner Fischer

Im Kleinöschle 10, 88605 Meßkirch
Aufsätze Zu Johann Peter Hebel in verschiedenen Zeitschriften.
Mitglied im Hebelbund.

Paul Nunnenmacher

Im Rondell 2, 79219 Staufen, Telephon: 07633/6580

geboren 1929 in Sulzburg, seit 1950 Landschullehrer, Schulleiter, seit 1979 in der Schulverwaltung als Schulrat, später als Regierungsschuldirektor im Oberschulamt.

Etwa 25 Mundarthörspiele, 20 Theaterstücke und Spielstücke für Schulklassen (alle im Bund Heimat und Volksleben). *Us de Schuel gschwätzt.* 1981; *Kumm, gang mr eweg.* 1985; *Gälle si.* 1988; *Über kurz oder lang,* 1993, Alle Freiburg: Kehrer-Verlag. Regelmäßige Mundartsendungen im Südwestfunk.

Mehrfache Auszeichnungen für Mundartspiele bei Wettbewerben des Freiburger Regierungspräsidiums und des Bundes Heimat und Volksleben. 1993 Johann-Peter-Hebel-Gedenkmedaille.

Mitglied im Landesverein Badische Heimat, Hebelbund, Geschichtsverein Markgräflerland und Schwarzwaldverein.

Martin Schley

Johannisbergstraße 28, 79102 Freiburg, Telephon:0761/7070480
Sehr geehrtes Wetteramt... Freiburg: Dreisam-Verlag, 1987.

Erna Sonner

Badbergstraße 51, 79235 Oberbergen, Telephon: 07662/1473
Gedichte und Erzählungen in Anthologien. *Gedankensprünge.* Im Selbstverlag, 1991.
1993 Sonderpreis beim Wettbewerb von 9 bis 99 der Muettersproch-Gsellschaft.

Eberhard Flamm

Sehringerstraße 10, 79379 Müllheim, Telephon: 07631/14628
Vu ganzem Herze. Müllheim: Verlag Andrea E. Flamm, 1994; *Mogge Mogge Nuß - un dü bisch duß* (Herausgeber). 1995.

Philipp Brucker

Bertholdstraße 31, 77933 Lahr, Telephon: 07821/23679
1924 geboren, Studium der Germanistik und Kunstgeschichte, Promotion. Sieben Jahre lang Lokalredakteur der Lahrer Zeitung. 20 Jahre lang Oberbürgermeister der Stadt Lahr.
Danzknöpfli. 1967, *'s Wundergigli.* 1973, *Striiwili.* 1982, *Jo, Pfiffedeckel.* 1985, *Schlaudrikauz.* 1987, *Ringkiisili.* 1996. Alle im Verlag Moritz Schauenburg, Lahr erschienen. Daneben noch weitere Bücher in Schriftsprache.

Wendelinus Wurth

Am Buck 2, 77793 Gutach, Telephon: 07833/8088
geboren 1953 in Renchen; aufgewachsen im Markgräfler- und Hanauerland; Studium von Englisch, Deutsch, Sport und Volkskunde in Freiburg, Iowa City und Detroit; arbeitet als Journalist, Lehrer, Übersetzer und Verleger; lebt mit Frau und Kind in Gutach.
Zahlreiche Gedichte und Geschichten verstreut in Anthologien. Gedichtbände: *schepfer voll.* Lahr: Moritz Schauenburg, 1991; *tropfe an tropfe.* Waldkirch: Waldkircher Verlag, 1994. Gedichte übersetzt ins Englische, Japanische und Rumänische.

Mehrere Auszeichnungen, zuletzt beim Haiku International Contest (Japan) 1994 und beim Wettbewerb der Deutschen Haiku-Gesellschaft 1995.
Mitglied im IDI (Internationalen Dialektinstitut Innsbruck), im LiteraturForum Südwest und im VS.

Otmar Schnurr

Ruhesteinstraße 29, 77883 Ottenhöfen, Telephon: 07842/2448
Grundlagen, drei Bände. München: Kösel, 1982, 1985, 1992; *Stoßgebete und ebensolche Seufzer.* Freiburg: Herder, 1984; *Zündfunken.* München: Kösel, 1985; *Geflüster im Kirchenschiff.* Zürich: Benziger, 1985; *Mag sein, daß die Wüste lebt.* München: Kösel, 1986; *Nachtgespräche mit Gott.* Freiburg: Herder, 1987; *Mein Gott, ein Mensch.* München: Kösel, 1987; *Aberglaube, Faszination und Versuchung.* München: Kösel, 1988; *Nepomuk der Bruddler.* Kappelrodeck: Achertäler Druckerei, 1993.

Inhalt

Wir danken dem Verlag Moritz Schauenburg für die Erlaubnis, Texte von Inge Tenz und Philipp Brucker abzudrucken.

Impressum
2. veränderte Auflage
© 1996 Drey-Verlag
Herstellung: Druckerei Weber, Freiburg
ISBN: 3-9804636-2-1
Drey-Verlag, Am Buck 2, 77793 Gutach